TRADING ONLINE

La Guida per principianti che consente di partire da zero BONUS: All'interno il glossario dalla A-Z con i termini tecnici utilizzati + FAQ

Scritto da:
Nathan Real

Edizione Italiana del Best seller Americano: Options Trading

Edizione completamente revisionata
Novembre 2021

Quel che le persone dicono di...

TRADING ONLINE
(Edizione Americana)

★★★★★ **Potere alle persone**

Perché ho acquistato questo libro? Come scrittore di blog, sono sempre alla ricerca di idee, suggerimenti, trucchi provenienti da specialisti del settore. La prima cosa che ho fatto prima di acquistare questa guida è stata controllare il contenuto per vedere se soddisfa un criterio di base: chiarezza e brevità nelle definizioni. È qualcosa che considero cruciale in qualsiasi attività, soprattutto complessa, come il trading, dove non sono ammessi malintesi nelle transazioni. Una parola fraintesa può causare un disastro. Ad esempio, mi è piaciuto il modo in cui spiegano le tecniche "call" e "put".

Un altro termine che ho trovato difficile da spiegare è il problema della "volatilità". Il fatto che qualcosa sia volatile non significa necessariamente che non ne valga la pena. Al contrario, nel mondo del trading, la volatilità può avere significati diversi ed è una misura importante per agire a tempo debito.

Devo anche menzionare che questa è un'edizione aggiornata con informazioni che forniscono al lettore più tecniche da considerare al momento di acquistare o vendere un bene specifico; più potere al trader. I tre metodi ribassisti e rialzisti, ad esempio, sono tecniche serie, difficili da padroneggiare la prima volta, ma questo libro lo fa sembrare semplice.

Dean Williams - Blogger

★★★★★ **Le vecchie abitudini sono dure a morire**

Ricordo i miei primi giorni da trader, da solo, ottenevo più fallimenti che successi. Poi ho seguito i consigli di alcuni professionisti esperti che mi hanno guidato volentieri e ho iniziato a ridurre al minimo le perdite. Tutti continuavano a ripetermi costantemente che, indipendentemente da quello che facessi, da quanto fossi professionale, dovevo continuare ad imparare. Da allora, studio, frequento seminari ... e leggo libri.

Ho letto questo libro e avrei voluto avere qualcosa di simile a disposizione all'inizio della mia carriera. Sono abbastanza sicuro che a quel punto avrei potuto agire con maggiore sicurezza e non avrei commesso il tipico errore del principiante: affrettarmi a comprare o vendere - in effetti, molti professionisti fanno questo errore costantemente. Questo libro consiglia anche a qualsiasi principiante di cercare mentori. L'ho fatto ai miei tempi. I buoni mentori sono una ricca fonte di informazioni e suggerimenti. Nel mio caso, mi hanno consigliato un piano, come spiegato in questo libro.

Infine, devo ammettere che l'edizione aggiornata di questa guida mi ha sorpreso con informazioni importanti che la maggior parte dei trader trascura. Sto parlando dei rapporti di mercato e dei tre metodi ribassisti. A mio parere, difficile da gestire per molte persone. Dovrebbero iniziare con questo libro.

Andrew Collins - Trader professionista

★★★★★ **Ho trovato molte risposte**

Ho costantemente trattato le notizie nel trading negli ultimi tre anni e due cose hanno attirato la mia attenzione in modo sorprendente. Il primo è la terminologia complicata utilizzata in questo settore. Ho dovuto adattarmi a un nuovo mondo di gerghi e strane notizie. Il secondo è che ho notato che molte persone falliscono nel giro di poche ore. Mi chiedevo perché, dato che questo non è un gioco d'azzardo comune.

Ho iniziato a scavare più a fondo per conoscere prima il gergo tecnico, qualcosa che ritengo sia trattato molto bene in questo libro. Allo stesso modo, la lettura di questo libro mi ha fatto preparare alcune ipotesi sul motivo per cui molti trader falliscono. Quando recentemente ne ho intervistati diversi, sono giunto alla conclusione che fossero vitti-

me dell'ignoranza o della mancanza di un piano. Alcuni di loro non sapevano distinguere, ad esempio, una covered call da una comune bull call. Un paio di loro hanno investito una grossa somma in un solo bene, un errore fatale con conseguenze a lungo termine.

Questo libro offre un aggiornamento che include alcuni suggerimenti interessanti sia per principianti che per trader professionisti, ma l'informazione più importante che considero essenziale in questa sezione è quella sulle impostazioni degli obiettivi. Mi chiedo quante carriere siano andate in malora semplicemente per non aver avuto questo consiglio.

Greg Lyons - Giornalista

★★★★★ Guardare avanti

Come professionista che compie 50 anni, sto già pianificando il mio pensionamento e ho considerato il trading come la mia prima scelta, ma due cose mi hanno impedito di fare il passo finale. La prima era la mia disponibilità di tempo e la seconda era la mia ignoranza sull'argomento.

Ho deciso di non perdere altro tempo, cosa che, a proposito, non ho. Ho scelto questo libro, nonostante una recensione negativa e, con mia grande sorpresa, era proprio quello che cercavo: informazioni necessarie per i principianti. Dopo aver letto attentamente e acquisito una totale familiarità con la terminologia, sono passato direttamente alla sezione relativa alla scelta di un broker. Per fortuna questa sezione era lì, altrimenti sarei caduto nelle mani dei tanti truffatori in agguato di prede innocenti.

Certo, ho già scelto un broker, ma è stato solo l'inizio dopo un attento studio dell'argomento. Seguendo i consigli su questo libro, io stesso di tanto in tanto tengo traccia del mercato per stare al passo, analizzare i modelli e consultare il mio broker. Ecco perché considero prezioso l'aggiornamento di questa guida, con informazioni essenziali su come prendere decisioni in base a schemi. Lo sforzo di apprendere una nuova abilità interessante e produttiva come il trading vale ogni centesimo. Ho semplicemente imparato che prima di avventurarmi nel complicato mondo del trading, è altamente consigliato essere prima istruiti. Consiglio caldamente questo libro.

Dott. David Bryson - Chirurgo specialista in reumatologia

★★★★★ Ho trovato molte risposte

Fare o non fare trading. Questo è il dilemma. All'inizio ho pensato che, viste le mie conoscenze in materia di contabilità e la mia specializzazione in statistica, sarei potuta entrare nel mondo del trading e avrei potuto produrre milioni in pochi giorni. Consapevole dell'importanza dell'istruzione in qualcosa che non conosco, ho deciso di acquistare questa guida, nonostante un commento negativo. Ero determinata a fare il passo.

Probabilmente è stata una delle decisioni più sagge in tutta la mia vita. Il trading non è una cosa facile, dopotutto. Avevo bisogno di questa guida. Le prime cose che ho notato sono state tutti i termini, le opzioni e le combinazioni di opzioni complicate. Non avrei potuto farlo senza questa guida.

Il passo successivo è stato decidere se fare trading o meno. Mi sono impegnata nel trading, ma essendo una novellina totale, ho seguito i consigli su questo libro e ho scelto un trader, qualcuno che ritenevo fosse qualificato per il lavoro e che potesse rispondere alle mie chiamate in caso di dubbi.

Ma il processo non si è fermato qui; ho continuato a studiare, proprio come questo libro consiglia a tutti di fare, principianti o professionisti. L'istruzione non dovrebbe mai fermarsi. Questo libro, essendo un'edizione aggiornata, contiene particolari informazioni, nello specifico sui grafici, che ritengo preziosi e necessari. Ho scoperto che le statistiche e il trading possono essere correlati, ma le abilità sono in qualche modo diverse.

Theresse Oxford - Commercialista

© **Copyright 2021—Tutti i diritti riservati**

Il contenuto di questo libro non può essere riprodotto, duplicato o trasmesso senza il permesso scritto diretto dell'autore o dell'editore.

In nessuna circostanza sarà attribuita alcuna colpa o responsabilità legale all'editore, o autore, per eventuali danni, riparazioni o perdite monetarie dovute alle informazioni contenute in questo libro. Direttamente o indirettamente.

Avviso legale

Questo libro è protetto da copyright. È solo per uso personale. Non è possibile modificare, distribuire, vendere, utilizzare, citare o parafrasare alcuna parte o contenuto di questo libro senza il consenso dell'autore o dell'editore.

Avviso di esclusione di responsabilità

Si prega di notare che le informazioni contenute in questo documento sono solo a scopo educativo e di intrattenimento. È stato fatto tutto il possibile per presentare informazioni accurate, aggiornate, affidabili e complete. Nessuna garanzia di alcun tipo è dichiarata o implicita. I lettori riconoscono che l'autore non si impegna a fornire consulenza legale, finanziaria, medica o professionale. Il contenuto di questo libro è stato derivato da varie fonti. Consultare un professionista autorizzato prima di tentare qualsiasi tecnica descritta in questo libro.

Leggendo questo documento, il lettore accetta che in nessuna circostanza l'autore è responsabile per eventuali perdite, dirette o indirette, subite a seguito dell'uso delle informazioni contenute in questo documento, inclusi, ma non limitati a errori, omissioni o imprecisioni.

Indice

Introduzione 12

Capitolo 1: Definizione e funzione delle opzioni 14
Come funzionano? 14
Opzioni come derivati 15
Tipi di opzioni 16
Opzioni call 16
Opzioni put 17
Opzioni e azioni 18
Derivati 22
Strike Price (prezzo di esercizio) 22
Scadenza 23
Titolo sottostante 23
Quota 24
Valore del contratto 24
Il premio 24

Capitolo 2: Trading di opzioni 27
Cosa comporta il trading di opzioni? 28
Opzioni di acquisto 29
Acquisto di un'opzione call 30
Acquisto di un'opzione put 30
Opzioni di vendita 31
Vendita di un'opzione call 31
Vendita di un'opzione put 32
Scadenza 32
La volatilità del mercato delle opzioni 33
Vantaggi del trading di opzioni 35
Le opzioni comportano costi inferiori 35
Le opzioni sono associate a livelli di rischio ridotti 36
Le opzioni aiutano a generare reddito passivo 38
Le opzioni forniscono una leva per il tuo investimento ... 38
Le opzioni offrono maggiore flessibilità e versatilità 39

Capitolo 3: Fondamenti del trading di opzioni 43
Sistemi di trading di opzioni 44
L'uso degli spread delle opzioni 47
Utilizzo degli ordini nel trading di opzioni 48

Buy to open (acquistare per aprire) 48
Sell to open (vendere per aprire) 48
Buy to close (acquistare per chiudere) 49
Sell to close (vendere per chiudere) 49
Filling order (esecuzione di un ordine) 49
Timing order (ordine a tempo) 50
Ordini di uscita 51
Prezzo delle opzioni 52
Il capitale proprio 54
Volatilità delle azioni 54
Periodo di scadenza 55
Prezzo di esercizio 55
Tassi di interesse 56
Segnali del trading di opzioni 57

Capitolo 4: Introduzione al trading di opzioni 60
Conti di trading di opzioni 60
Impostazione di un piano di opzioni 63
Trovare un broker di opzioni 66
Mentori di trading di opzioni 70
Piattaforme di trading 70

Capitolo 5: Riparazione di opzioni e metodologie di trading 75
Strategie di trading di opzioni di base 76
La covered call 76
La bull call 77
La long straddle 78
La married put 79
La bear put spread 79
La strategia protective collar 80
La long call butterfly spread 80
La strategia iron condor 81
Strategie di riparazione del trading di opzioni 82
Vediamo un esempio: la long call 83
Opzione call 86
Opzione put 86
Pro del trading di opzioni 87
Non richiede molto impegno finanziario iniziale 87
La perdita è ampiamente regolata 87
Le opzioni sono flessibili 87
Contro del trading di opzioni 88

Elevati livelli di perdita 88
Accordo di negoziazione a breve termine 88
Requisiti complessivi 89
Costi di transazione aggiuntivi 89
Suggerimenti strategici per il trading di opzioni 90
Suggerimenti utili per il trading di opzioni 92
Valuta le tue opzioni 92
Lavorare con i dividendi 94
Gestire il rischio 95
Modi per gestire il rischio 95
Gestione del rischio attraverso la diversificazione 97
Utilizzo degli ordini di opzioni 97

Glossario 101

Domande frequenti (FAQ) 115
Come funziona il trading di opzioni? 115
Quali sono i tipi di opzioni? 115
Quali sono le medie mobili delle opzioni? 115
C'è qualche differenza tra opzioni e future? 116
Qual è il prezzo di esercizio di un'opzione? 116
Cosa succede se un'opzione scade "out of the money"? 116
In che modo le persone regolano i contratti? 117
Qual è lo scopo degli adattamenti del contratto di opzioni? 117
Cosa si intende per covered call? 117
E per opzioni naked? 117
C'è differenza tra il quadrare un'opzione e il suo esercizio? 117
Come funzionano le opzioni di indice? 118

Conclusione 120

INTRODUZIONE

NATHAN REAL

Introduzione

Il trading di opzioni è oggi uno degli investimenti più redditizi nel mercato finanziario. Può aiutarti a far prosperare il tuo patrimonio in brevi periodi di tempo, quindi devi avere una migliore comprensione di come funziona.

Il mercato delle opzioni ti consente di fare trading a costi relativamente inferiori e livelli di rischio ridotti. Puoi anche generare un reddito passivo da questo mercato poiché godi di una maggiore leva finanziaria in termini di numero di azioni che puoi scambiare.

Quando visiti il mercato delle opzioni, rimani sorpreso dalla vasta gamma di opportunità che si incontrano. Questo perché puoi guadagnare sia dal movimento al rialzo che dal ribasso dei prezzi delle azioni.

Questo libro evidenzia le cose principali che bisogna comprendere prima e durante il trading di opzioni. Quando capirai lo scopo del trading di opzioni e come funziona, sarai in grado di fare trading con successo sulle tue piattaforme preferite. Ciò si tradurrà automaticamente in prestazioni migliori, quindi più reddito. Sarai in grado di raggiungere i tuoi obiettivi finanziari più velocemente man mano che migliori anche le tue capacità di trading.

Se stai cercando di ottenere una comprensione approfondita di ciò che comporta il trading di opzioni, questo è il libro giusto per te.

CAPITOLO 1

Capitolo 1: Definizione e funzione delle opzioni

Oltre ai popolari strumenti finanziari disponibili oggi sul mercato come azioni e obbligazioni, ci sono altri strumenti noti come derivati. Uno strumento derivato si riferisce a uno strumento finanziario che ottiene il suo valore da altri strumenti o attività. Un esempio di questi derivati sarebbero le opzioni.

Per definizione, le opzioni sono strumenti finanziari derivati da un'attività sottostante come azioni o obbligazioni. Ti offrono l'opportunità di acquistare un titolo sottostante a una data e a un prezzo specifici. In altre parole, le opzioni rappresentano contratti che consentono di acquistare e vendere un determinato valore di un'attività sottostante a un prezzo particolare. Ogni contratto specifica determinati termini sullo scambio.

Come funzionano?

Le opzioni ti offrono un modo molto affidabile per investire nel trading di azioni. Proprio come qualsiasi altra transazione finanziaria, un accordo o contratto di opzione è composto da due persone: un acquirente e un venditore. Un singolo contratto rappresenta un numero di azioni del titolo sottostante. Nella maggior parte dei casi, un contratto copre 100 azioni. L'acquirente paga sempre un certo importo per ogni contratto come tariffa premium. Questo importo è sempre determinato dal tipo di attività sottostante e dal prezzo di esercizio dell'opzione.

I trader utilizzano spesso le opzioni come forma di investimento a causa del numero limitato di rischi associati a questi derivati. Questo perché le opzioni consentono alle persone di proteggere le proprie azioni reali dall'esposizione al mercato finanziario. Tuttavia, è necessario prestare attenzione quando si tratta di opzioni poiché, come per qualsiasi altra operazione, è molto facile perdere una grande quantità di azioni in una breve frazione di tempo. Comportano alti profitti, ma possono anche implicare rischi elevati se non gestiti bene. Nonostante ciò, molte persone considerano le opzioni come uno degli strumenti finanziari migliori e più affidabili del mercato azionario.

Opzioni come derivati

Come affermato in precedenza, le opzioni non sono titoli reali. Sono derivati il cui prezzo è determinato dal prezzo del titolo sottostante. Altri esempi di derivati includono future, swap, forward, call e put tra molti altri.

Poiché le opzioni rappresentano solo un determinato asset, il contratto stipulato da un acquirente e un venditore ti offre solo la possibilità di fare trading sul mercato delle opzioni. Un'opzione call ti dà il diritto di acquistare un titolo sottostante a un costo e un tempo specifici, mentre un'opzione put ti garantisce la capacità di vendere sul mercato in un periodo di tempo e costo specificato.

Ogni transazione di opzioni rappresenta due lati: il lato dell'acquisto e il lato della vendita. Vendere un'opzione è anche definito come "scrivere un'opzione". Ciascuna parte di una transazione di opzioni comporta i propri rischi e benefici. Quando una persona acquista un'opzione, determina l'apertura di una posizione lunga (long position); la vendita di un'opzione determina una posizione corta (short position). Questo vale sia per le transazioni call che per quelle put.

Nel trading di opzioni, gli azionisti non vengono coinvolti nella transazione. Il denaro viene scambiato solo tra le parti coinvolte nelle transazioni di opzioni. La maggior parte di queste transazioni avviene tra investitori, broker e market maker.

Tipi di opzioni

Le opzioni sono disponibili in due tipi principali: opzioni put e opzioni call. I trader scelgono il tipo di opzione a seconda che vogliano acquistare o vendere sul mercato delle opzioni.

Opzioni call

Le opzioni call ti consentono di acquistare un'attività sottostante associata all'opzione in questione. Quando un'opzione call è in the money, il prezzo di offerta o di esercizio ha un valore inferiore rispetto al prezzo dell'azione sottostante. I trader acquistano sempre un'opzione call quando c'è la possibilità che il prezzo delle sue azioni aumenti oltre il prezzo di offerta attuale prima che venga ottenuta la scadenza. Quando ciò accade, il trader ricava un profitto dalla transazione call.

Le persone che acquistano opzioni call sono sempre note come detentori. Una volta acquisita l'opzione, possono venderla in qualsiasi momento prima della data di scadenza. Il profitto di qualsiasi opzione si ottiene sottraendo il prezzo di esercizio, il premio e le commissioni di transazione dal prezzo delle azioni. L'importo risultante è quello che viene chiamato valore intrinseco. Questa differenza è sempre un valore negativo, quando il trader ha realizzato una perdita, e un valore zero, quando non è stato realizzato alcun profitto o perdita.

L'importo massimo che un trader può perdere da un'opzione è quello equivalente al suo premio. Questo spiega perché la maggior parte delle persone acquista opzioni e non il titolo sottostante.

L'opzione call comprende tre componenti: il prezzo di esercizio, il premio e la data di esercizio o di scadenza. Il premio è la quantità di denaro che un trader paga quando acquisisce una particolare opzione. Ad esempio, un trader può acquistare un'opzione call a $ 55 come prezzo di esercizio, un premio di $ 5 e un periodo di scadenza di un mese; significa che pagherà al venditore $ 5 come premio. Se la data di scadenza viene raggiunta prima di esercitare l'opzione, pagherà solo $ 5. Se diciamo che una settimana dopo il prezzo sale a $ 70 e decide di vendere la sua opzione, otterrà un profitto di $ 15 dalla transazione, meno $ 5 pagati come premio. Se il prezzo scende al di sotto di $ 55, subisce una perdita.

Gli investitori possono anche decidere di vendere un'opzione call quando prevedono un calo del prezzo delle azioni. Poiché il prezzo delle azioni scende a un livello inferiore al prezzo di esercizio, l'investitore otterrà un profitto dalla transazione. La persona che vende una call è conosciuta come "writer" della call. Deve vendere azioni a un acquirente a un prezzo determinato in anticipo.

Opzioni put

Ti garantiscono la possibilità di scrivere o vendere un asset o un titolo ad un costo già predeterminato, così come la data di scadenza. Entrambe le opzioni call e put possono essere utilizzate su azioni, materie prime, valute e indici come titoli sottostanti. In questo caso, il prezzo di esercizio diventa il costo con il quale vendi l'opzione.

Un'opzione put ti consente di vendere un determinato asset a un costo e a una data di scadenza noti. Questa opzione può essere utilizzata su un buon numero di attività sottostanti, inclusi indici, valute, materie prime e azioni. Il prezzo a cui un trader vende un'opzione è chiamato prezzo di esercizio.

I trader realizzano un profitto dalla vendita di un'opzione put anticipando un calo del prezzo di esercizio. Questi subiscono una perdita quando il valore delle azioni aumenta a un livello che è oltre il prezzo di esercizio. Ciò indica che il costo di un'opzione put può aumentare o diminuire con il passare del tempo.

Il valore intrinseco di un'opzione put può essere ricavato ottenendo la differenza tra il prezzo del titolo e dell'opzione. Il valore risultante continua a cambiare man mano che il valore del tempo diminuisce. Quando un'opzione su azioni ha un valore intrinseco positivo, si dice che è in the money. Un valore negativo mostra che l'opzione è caduta out of the money.

Al contrario delle opzioni call, non è necessario attendere che le opzioni put scadano prima di esercitarle. Poiché il valore del premio di un'opzione continua a variare con il prezzo delle azioni o il costo di qualsiasi altra attività sottostante, è necessario esercitare le opzioni al momento giusto per evitare di incorrere in perdite in futuro.

Opzioni e azioni

Se sei molto perspicace, devi aver capito che gli investitori si stanno unendo più al mercato delle opzioni che al mercato azionario. Il trading di azioni è stato per molto tempo la forma più popolare di trading nei mercati finanziari. Forse ti starai chiedendo se effettivamente il trading di opzioni sia migliore del trading di azioni. Un grande aspetto delle opzioni è che ti consentono di fare di più del semplice trading. Hanno diverse caratteristiche che non possono essere trovate in altri strumenti finanziari. Una di queste caratteristiche è l'uso delle greche, che sono figure matematiche che aiutano a stimare il rischio associato a ciascuna opzione. I trader possono utilizzare queste cifre per evitare alcune operazioni che sembrano troppo rischiose.

Ci sono molte altre differenze tra opzioni e azioni. Quando acquisti quote di azioni da una determinata società, acquisisci una proprietà in percentuale della società. Ciò significa che puoi vendere le azioni ogni volta che lo desideri. D'altra parte, le opzioni non ti garantiscono la proprietà delle azioni. Rappresentano solo i derivati delle azioni della società che vengono negoziati a determinati termini predefiniti.

Il motivo principale per cui gli investitori acquistano azioni è di venderle in seguito, quando il prezzo sale. Pertanto, aspettano che il valore di un determinato titolo diminuisca prima di effettuare un acquisto, quindi aspettano nuovamente che il prezzo salga per vendere lo stesso. Quando si tratta di opzioni, gli investitori le usano come un modo per generare reddito e non necessariamente come una forma di investimento. I trader di opzioni non sono mai interessati al titolo sottostante. La maggior parte di loro si concentra sugli scambi a breve termine. Questo è il motivo per cui il mercato delle opzioni è sempre pieno di tutti i tipi di trader. Il trader si basa su alcuni cambiamenti nella performance dell'opzione per fare soldi.

Un'altra netta differenza tra azioni e opzioni è la questione del tempo. Le azioni possono essere scambiate per decenni. Non hanno un periodo di scadenza. Una volta investito nel mercato azionario, potrebbero essere necessari da pochi giorni a diversi anni per chiudere le posizioni e realizzare un profitto. Tuttavia, ciò può verificarsi solo quando la società che emette le azioni continua ad esistere. Questo privilegio manca nel mercato delle opzioni poiché ogni opzione ha una data di scadenza specifica.

La maggior parte delle persone che investe in azioni ottiene sempre buoni profitti a lungo termine. Questo perché la maggior parte delle aziende che vendono azioni continua a costruire il proprio portafoglio marchi, rendendo impossibile il collasso. Man mano che l'azienda cresce, cresce anche il valore delle azioni. Quando si tratta di opzioni, il profitto che un trader riceve alla fine di ogni transazione è molto incerto. Il trading di opzioni è in qualche modo paragonato al gioco d'azzardo che può concludersi con una vittoria o una perdita. Ogni operazione comporta una serie di aspetti che determinano il risultato. Spetta al trader comprendere questi aspetti e applicarli accuratamente per realizzare un profitto. Ignorare le regole del commercio comporta sempre una perdita.

Un'altra grande differenza tra azioni e opzioni è che le azioni vengono sempre vendute sotto forma di azioni privilegiate o azioni ordinarie mentre le opzioni vengono negoziate sotto forma di contratti. Le azioni ordinarie sono quelle che coprono una percentuale della partecipazione all'utile dell'azienda mentre le azioni privilegiate sono quelle che pagano i dividendi all'investitore. I trader ricevono questi dividendi a intervalli e importi predefiniti. I contratti di opzione, d'altra parte, fungono da accordi tra l'acquirente e il venditore in base a determinati termini che entrambi devono concordare.

Anche il prezzo di azioni e opzioni è diverso. Il valore di ciascuna quota azionaria dipende dalle prestazioni dell'azienda nel lungo periodo, nonché da alcuni fattori di mercato. D'altra parte, il costo delle opzioni è determinato da una serie di fattori come il decadimento temporale, la data di scadenza e il valore del titolo sottostante.

In termini di rischio, un trader rischia di perdere il proprio capitale solo se la società ha prestazioni inferiori o interrompe la propria attività. Ciò significa che se l'azienda continua ad essere operativa, il trader è sicuro di recuperare la maggior parte del proprio capitale con un certo profitto. Nelle opzioni, il valore più alto che un trader può perdere è equivalente alla quantità di capitale investito in ciascuna posizione. Poiché esiste un potenziale illimitato di perdita del premio, il trading di opzioni comporta un rischio maggiore rispetto al trading di azioni. Potrebbero essere necessari anni prima che un investitore di azioni perda parte del proprio capitale; tuttavia, bastano pochi minuti o ore affinché un trader di opzioni perda il premio.

Il contratto di opzioni

Un contratto di opzione è un accordo che fornisce l'autorità o il diritto di acquisire o cedere un asset per una specifica somma di denaro. Fondamentalmente, un contratto di opzione rappresenta 100 quote di azioni. Ogni contratto è definito da due categorie di persone: acquirente e venditore. Per acquistare o vendere opzioni, le parti coinvolte devono adempiere alle regole o formalità previste dal contratto. In alcuni casi, per regolare i contratti viene utilizzato denaro contante anziché quote.

Per ogni contratto, la persona che acquista o acquisisce una posizione è il titolare, il venditore è noto come writer. Un'opzione che non viene esercitata durante il periodo di tempo stabilito scade alla fine del termine. Una cosa positiva delle opzioni è che la perdita viene spesso detratta dal denaro investito come capitale. Una volta scaduta un'opzione, non è più possibile effettuare transazioni basate sull'azione sottostante.

Il modello di profitto per le opzioni è quasi simile a quello utilizzato nel trading azionario. Il contratto funge da leva per ogni transazione. Questo perché il detentore (holder) o writer di ogni contratto ottiene il controllo solo di una piccola percentuale del titolo sottostante.

Ciò significa che i trader ottengono i diritti solo su una piccola parte relativa alle azioni negoziate. Durante ogni transazione, i trader possono continuare a reinvestire i propri profitti nella stessa posizione fino alla scadenza dell'opzione. Ciò offre al trader una buona leva durante le fluttuazioni dei prezzi. È sempre facile per un trader esercitare un'opzione prima che il suo valore inizi a diminuire. Questo è un modo per ridurre al minimo il rischio di perdita di tutto il premio investito.

Il contratto di opzioni fornisce diversi dettagli sul mercato e sullo scambio. Proprio come qualsiasi altra operazione, ti viene richiesto di effettuare un pagamento prima di iniziare a fare trading. Ogni contratto è regolato da una serie di termini definiti di seguito:

Derivati
Abbiamo definito le opzioni come derivati di altri strumenti. Si tratta di un contratto tra i trader il cui valore è dettato dal valore del titolo sottostante. Per ogni contratto che coinvolge derivati, le parti coinvolte devono prima concordare il costo iniziale dell'attività sottostante. Le opzioni sono considerate derivati poiché ti danno solo il diritto su una percentuale di determinati beni.

Strike Price (prezzo di esercizio)
Descrive il costo o il valore di un'opzione in un determinato momento. Il prezzo di esercizio può anche essere indicato come il prezzo concordato. È il costo di un'opzione concordata tra l'acquirente e il venditore quando si stipula un contratto di opzione.

Nel caso di un'opzione call, il prezzo di esercizio è il valore collocato come costo che un trader paga per ottenere diritti sul titolo sottostante. Per quanto riguarda l'opzione put, il prezzo di esercizio generalmente implica il costo per il quale il venditore rinuncia ai diritti del titolo.

Questo prezzo non cambia durante il periodo del contratto. Non è influenzato da alcun mercato o da elementi azionari. Il prezzo di esercizio è uno dei fattori decisivi del profitto che si può ottenere dallo scambio. Se i prezzi delle azioni sottostanti aumentano oltre l'ammontare del prezzo di esercizio, una delle cose che aumenterà è il costo dell'opzione e questo è il momento migliore per i venditori per chiudere le loro posizioni con un profitto. Quando il valore delle azioni scende al di sotto del prezzo di esercizio, gli acquirenti possono acquistare opzioni con la speranza che lo stesso prezzo aumenti. Quando c'è una variazione rispetto al prezzo di esercizio e in relazione al prezzo di mercato, questa variazione è ciò che verrà utilizzato per realizzare il profitto.

Scadenza
Con scadenza si intende il periodo in cui le opzioni scadono. Quando la data di esercizio è raggiunta, significa che non è più disponibile per lo scambio. La differenza tra le date di inizio e di fine di un'opzione è nota come termine. Il valore di un'opzione spesso diminuisce man mano che si avvicina alla data di scadenza. Nella maggior parte dei casi, questa data può variare da poche ore, giorni o addirittura anni.

Titolo sottostante
Questa è la risorsa utilizzata per definire un contratto di opzioni. È l'azione sottostante su cui scambi le tue opzioni. È una componente essenziale del trading di opzioni poiché ti consente di valutare il prezzo e i rischi associati a determinati titoli. Ti consente inoltre di scegliere le opzioni giuste con il massimo potenziale di profitto. Nella maggior parte dei casi, il costo di qualsiasi opzione è determinato utilizzando il valore del titolo sottostante.

Quota

Le quote sono unità di azioni appartenenti a una determinata società. Ogni opzione rappresenta 100 quote di azioni.

Valore del contratto

È il numero di quote o azioni rappresentate da un dato contratto di opzione. Ad esempio, se un contratto copre 100 quote, 100 è la dimensione del contratto.

Il premio

Ne abbiamo già parlato in diversi modi. Il premio è il prezzo che devi pagare per acquisire diritti su un'opzione. Può anche essere definito come il profitto che ricevi dalla vendita o dalla stipula di un contratto di opzione. Può anche fare riferimento al costo di un determinato contratto prima della scadenza. Nella maggior parte dei casi, il premio è quotato in termini di dollari per azione. Il premio evidenzia una combinazione di tre componenti: la componente temporale, la componente intrinseca e la volatilità implicita dell'asset.

I trader ottengono il valore intrinseco dai calcoli basati sulla sottrazione del costo dell'asset dal costo di esercizio. In un'opzione call, questo importo è pari alla differenza tra il prezzo corrente dell'attività sottostante e il prezzo di esercizio. Nel caso di un'opzione put, questo valore è pari alla differenza tra il prezzo di esercizio e prezzo corrente dell'attività sottostante.

Quando si parla di trading di opzioni, ciò che è noto come valore temporale comprende l'importo che un trader è disposto a pagare, con la speranza che i prezzi di mercato cambino a suo favore. Questo valore temporale diminuisce quando l'opzione si avvicina alla data di esercizio. Fondamentalmente, quanto più tempo è disponibile prima della scadenza di un'opzione, maggiore è il suo valore temporale. Quando ciò accade, è facile per gli investitori pagare un premio maggiore per l'opzione, con la speranza che il suo prezzo cambi in futuro. Quando c'è poco tempo a disposizione prima della scadenza di un'opzione, i trader eviteranno di investire nell'opzione poiché è prevista una variazione di prezzo minima.

Il premio, quindi, è la somma tra il valore temporale e il valore intrinseco dell'opzione.

CAPITOLO 2

Capitolo 2: Trading di opzioni

La maggior parte delle persone pensa sempre al mercato azionario quando vuole investire. In realtà, un buon numero di trader del mercato azionario non capisce cosa sia il trading di opzioni. Il trading di azioni ha diversi vantaggi, tuttavia, potrebbe non funzionare per le persone che desiderano fare investimenti a breve termine. Le strategie di investimento a lungo termine come il buy and hold possono aiutare gli investitori ad aumentare la loro ricchezza in modo significativo, tuttavia tali strategie non forniscono profitti quanto alcune strategie a breve termine. È qui che entrano in gioco metodi più dinamici a breve termine come il trading di opzioni. Questi sono spesso caratterizzati da maggiori guadagni.

Il trading di opzioni diventa sempre più popolare. Fondamentalmente, comporta la negoziazione di derivati finanziari noti come opzioni. Questo concetto non è nuovo. Il primo contratto di opzione fu stipulato nel 1973 al Chicago Board Options Exchange. C'è molta somiglianza tra le opzioni scambiate oggi e quelle utilizzate all'epoca. Tuttavia, molte cose sono cambiate in termini di dimensioni di mercato, di negoziazione e volume di scambi effettuati ogni singolo giorno. Le persone investono in opzioni per vari motivi, che saranno discussi più avanti in questo capitolo.

Il trading di opzioni è un ottimo modo per investire denaro. Sia le persone facoltose che quelle con un reddito medio possono investire nell'attività poiché non richiede molto capitale per iniziare. Come accennato in precedenza, le opzioni sono contratti che funzionano entro limiti di tempo specifici.

Gli stili di trading per le opzioni differiscono da una zona all'altra. Ciò significa che le opzioni possono essere classificate come opzioni americane, europee, con barriera, Bermuda o esotiche tra molte altre. Quando fai trading di opzioni, devi essere in grado di specificarne il tipo per poter godere dei guadagni necessari. Le opzioni americane, ad esempio, scadono alla fine di ogni terzo venerdì del mese. Il prezzo di un'opzione in questa data diventa il prezzo di chiusura della posizione. Una delle principali caratteristiche delle opzioni americane è che puoi chiudere in qualsiasi momento dall'inizio fino al giorno dell'esercizio. Le opzioni europee, invece, devono essere esercitate alla data di scadenza e non prima. Le posizioni per queste opzioni si chiudono il terzo giovedì del mese. Esistono anche opzioni con barriera, che possono essere esercitate solo dopo che il valore delle azioni supera un certo livello.

Le opzioni Bermuda devono essere chiuse ovunque tra le date di inizio e di esercizio, mentre le opzioni esotiche fanno uso di procedure di esercizio non standard.

Cosa comporta il trading di opzioni?

Come abbiamo già detto, il trading di opzioni implica l'acquisto e la vendita di contratti di opzioni nel mercato delle opzioni. I trader realizzano un profitto acquistando contratti a costi relativamente bassi e vendendo gli stessi a costi maggiori.

Quando acquisti un'opzione call, è come se stessi scommettendo che il prezzo delle azioni aumenterà in futuro. Ad esempio, se acquisti un'opzione call per la società X per $ 1500, stai indicando la tua certezza che il costo dell'asset aumenterà oltre questo prezzo di acquisto per ottenere un profitto. Ogni volta che acquisti un'opzione put, prevedi un calo del costo del titolo sottostante. In termini di mercato azionario, ti aspetti un risultato ribassista sul titolo.

Il trading di opzioni è più flessibile del trading di azioni. Questo perché le opzioni sono derivate da un'ampia gamma di titoli sottostanti. Ciò offre ai trader una maggiore varietà in termini di scopi dello scambio. Gli investitori utilizzano il prezzo delle opzioni per determinare i movimenti di prezzo di azioni, materie prime, valute estere e indici. Ciò conferisce molte opportunità di profitto che potrebbero non essere presenti nel mercato azionario. Una maggiore versatilità si realizza anche nei numerosi tipi di opzioni e ordini che i trader possono immettere sul mercato.

Gli operatori di borsa hanno solo due modi attraverso i quali possono realizzare un profitto: le posizioni lunghe e le posizioni corte. Tuttavia, nel trading di opzioni, gli investitori hanno l'imbarazzo della scelta poiché le posizioni possono essere eseguite in diversi modi e combinazioni.

Opzioni di acquisto

L'acquisto di un contratto di opzione è simile all'acquisto di azioni. Gli investitori acquistano opzioni selezionando ciò che desiderano acquistare, dichiarando l'importo e piazzando un ordine di acquisto direttamente o indirettamente tramite un broker. Se il valore dell'opzione sale, puoi venderla o esercitarla a seconda di ciò che è meglio per te. Un serio vantaggio del trading di opzioni è che puoi guadagnare sia con aumenti di prezzo che con diminuzioni di prezzo. Se prevedi un aumento dei prezzi, puoi acquistare un'opzione call e se prevedi un calo dei prezzi, puoi acquistare un'opzione put.

Quando decidi di acquistare un'opzione, otterrai diversi contratti sulla stessa azione sottostante. Questo dipende dai tipi di call e put disponibili per lo stesso titolo. Ad esempio, potresti trovare un'opzione per la società che vende a $ 100 per ogni azione e trovarne molte altre per la stessa azienda che vendono a premi diversi.

Acquisto di un'opzione call

Supponiamo che tu voglia acquistare un'opzione call dalla società A con un costo di esercizio di $ 60, un premio di $ 10 e una data di scadenza di un mese. 7 giorni dopo, il prezzo delle azioni aumenta a $ 75. Ciò significa che guadagnerai circa $ 15 dalla transazione. Tuttavia, poiché hai già pagato un premio di $ 10 per effettuare l'ordine, il tuo profitto sarà di $ 15 meno $ 10: $ 5. Ciò è illustrato di seguito.

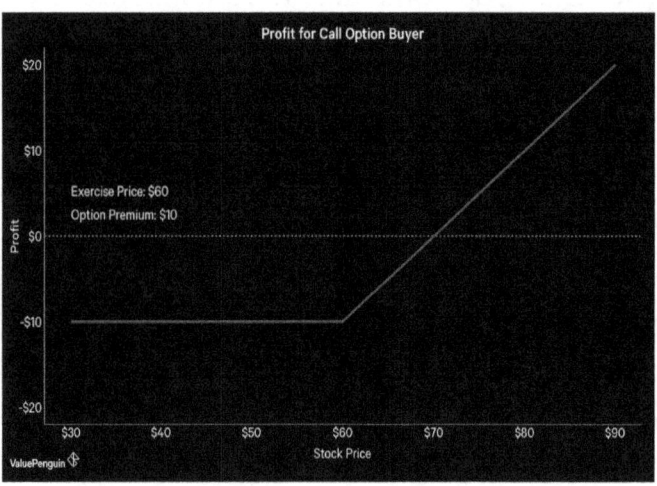

Figura 1: acquisto di un'opzione call

Se il prezzo delle azioni scende a $ 50 per azione e decidi di lasciare che l'opzione scada da sola, avrai una spesa di - $ 10, che equivale al premio pagato per l'ordine.

Acquisto di un'opzione put

Supponiamo inoltre che tu stia acquistando un'opzione put dalla società A per $ 45, una tariffa premium di $ 15 e una scadenza di un mese. Dopo una settimana, il prezzo scende da $ 45 a $ 25. Se eserciti l'opzione in questo momento, otterrai una differenza di $ 20. Il tuo profitto a questo punto sarà di $ 20 in meno rispetto al premio di $ 5.

Opzioni di vendita

La scrittura o la vendita di contratti avviene in due modi. Il primo è quando hai contratti pre-acquistati che desideri rilasciare con un profitto, o una posizione in cui non vuoi realizzare più perdite, allora puoi piazzare un ordine di vendita per chiudere sul mercato delle opzioni. Puoi aumentare questo ordine se il prezzo dell'opzione è salito e vuoi ottenere un profitto da questa modifica, o se il prezzo dell'opzione è in costante calo e vuoi chiudere la posizione prima di incorrere in ulteriori perdite. Il secondo modo è attraverso l'apertura di posizioni corte. Questo è ciò che è noto come la scrittura di opzioni perché la strategia prevede la creazione di nuovi contratti per il mercato delle opzioni. Quando un acquirente accetta il tuo contratto, sarai obbligato a vendergli il titolo sottostante associato al contratto.

Il processo di scrittura delle opzioni viene spesso completato utilizzando l'ordine "sell-to-open" (vendere per aprire). Il venditore riceve un pagamento che equivale al prezzo di esercizio non appena effettua l'ordine. L'utilizzo di tali ordini a volte può essere più rischioso rispetto all'acquisto e alla vendita ordinaria, ma può anche avere rendimenti più elevati per quanto riguarda il profitto. La maggior parte degli investitori inserisce un ordine sell-to-open quando è certa che l'acquirente non chiuderà un contratto con sufficiente anticipo poiché cerca di generare un reddito.

Vendita di un'opzione call

Chi acquista un'opzione call ha il diritto, ma non l'obbligo, di acquistare una determinata quantità del titolo sottostante, a un determinato prezzo, in una prefissata data di scadenza futura. I prezzi di mercato e altri fattori possono costringere un venditore a cedere una parte del capitale con il prezzo concordato in precedenza come prezzo di esercizio. Quando l'investitore che vende un'opzione call risulta essere anche quello che possiede il titolo sottostante, il processo prende il nome di "scrivere una covered call". Se la persona che vende la stessa opzione risulta non essere quella proprietaria del titolo, il processo viene definito "scrivere una naked call".

Vendita di un'opzione put

Oltre ad acquistare opzioni put, puoi anche venderle con un profitto. Gli investitori che vendono opzioni put lo fanno con la speranza che le opzioni perderanno valore in futuro. Quando un trader vende un'opzione put all'acquirente, ha il diritto, ma non l'obbligo, di acquisire l'asset coinvolto nello scambio a un costo predefinito se l'opzione viene esercitata. Affinché il venditore realizzi un profitto, il costo dell'asset dovrebbe rimanere così com'è o superare l'attuale costo di esercizio. Nel caso in cui il costo rimanga al di sotto del costo di esercizio, il venditore coinvolto subisce una perdita mentre l'acquirente realizza un profitto dall'operazione.

Nel trading di opzioni, il profitto è ottenuto dalla vendita, dall'acquisto e dalla scrittura di opzioni, non necessariamente esercitandole. Il punto in cui un trader esercita un contratto dipende dalle strategie utilizzate e dalla necessità di acquisire il titolo sottostante. Ciò significa che puoi trarre profitto sia dall'esercizio delle opzioni sia dal solo acquisto e vendita.

Scadenza

Un aspetto fondamentale delle opzioni è la scadenza. Alla fine di ogni periodo di scadenza, il trader realizza un profitto o una perdita. Il motivo per cui la maggior parte dei trader cerca di apprendere e applicare quante più strategie possibili a ciascuna operazione è che vogliono realizzare profitti per ogni contratto. La maggior parte dei trader si sente sempre frustrata quando un contratto termina senza produrre alcun profitto.

Il profitto di un'opzione è determinato dal suo valore intrinseco oltre che nel tempo. Questo è il motivo per cui è importante considerare il periodo di scadenza di qualsiasi contratto prima di investire in esso. Alcune opzioni possono sembrare promettenti in termini di profitti ma finiscono in perdita a causa del breve periodo di scadenza. Le opzioni esistono solo per il periodo di tempo in cui il titolo sottostante è disponibile sul mercato per lo scambio. Una volta che una società smette di quotare le sue azioni sul mercato, anche le opzioni relative a questo particolare titolo cesseranno di essere negoziate.

Più un investitore detiene le opzioni, più il suo valore diminuisce. A differenza delle azioni, le opzioni tendono a scadere più velocemente e, con l'avvicinarsi della data di scadenza, diminuisce anche la possibilità di realizzare profitti. I trader professionisti si assicurano sempre di ottenere il massimo da un contratto aperto prima che sia troppo tardi.

La volatilità del mercato delle opzioni

Nel mercato delle opzioni, il termine volatilità descrive il modo in cui il costo di azioni specifiche fluttua in un periodo di tempo. Le opzioni altamente volatili derivano spesso da azioni altamente volatili. Queste comportano più rischi. Le opzioni con bassa volatilità sono sempre un rischio. Nel mercato delle opzioni, quelle azioni che presentano un'elevata volatilità costano sempre di più di quelle con bassa volatilità. Non è facile identificare i titoli in base ai livelli di volatilità poiché è più facile per alcuni titoli a bassa volatilità diventare altamente volatili e viceversa. La volatilità è di due tipi: implicita o storica.

Il tipo storico di volatilità è in alternativa chiamato volatilità statistica. Misura le fluttuazioni dei prezzi in base a intervalli di tempo predeterminati. Ti aiuta a determinare come fluttua il prezzo di una particolare opzione in un periodo di tempo, ad esempio un anno. Un aumento della volatilità storica aumenta il costo del capitale in questione. Quando questo importo scende, anche il capitale torna alla normalità. Comprendendo le variazioni dei prezzi delle opzioni nel tempo, gli investitori possono prendere decisioni ponderate su quando e come investire in un particolare tipo di opzione. Ad esempio, se la volatilità storica di una particolare opzione per 6 mesi è del 25% e la volatilità negli ultimi 5 giorni è del 50%, significa che il titolo ha una volatilità superiore al normale.

La volatilità implicita, d'altra parte, si riferisce alla stima di un particolare titolo o alla volatilità futura dell'opzione sulla base di alcuni fattori di mercato. È anche nota come volatilità proiettata ed è utilizzata principalmente dai trader che desiderano determinare i prezzi futuri di determinate opzioni. Questo tipo di volatilità è spesso derivato dal costo di una data opzione. I trader utilizzano il prezzo e la performance storica di un'opzione per determinare le tendenze future dei prezzi.

Nel caso in cui stia acquistando un'opzione che ha un alto potenziale di guadagno, il premio di tale opzione potrebbe essere più alto di altre opzioni. Questo perché puoi vendere facilmente l'opzione con un profitto. Tali posizioni vengono definite "in the money". Un'altra posizione potrebbe essere "at the money", e si verifica quando il prezzo di esercizio (strike price) è esattamente pari al valore corrente del sottostante. Un'opzione si può anche definire "out of the money" quando il suo esercizio non risulta conveniente, praticamente quando l'opzione non ha ancora raggiunto il suo strike price. È quasi impossibile trarre un profitto da questo tipo di opzione.

Un'opzione call si dice "in the money" quando il prezzo di esercizio è inferiore al valore corrente del sottostante. Invece, un'opzione put si dice "in the money" quando il prezzo di esercizio è superiore al valore corrente del sottostante. Se c'è ancora un ampio intervallo di tempo tra l'inizio e la fine di una transazione commerciale, il trader ha più tempo a disposizione per realizzare un profitto.

Vantaggi del trading di opzioni

Uno dei motivi principali per cui le persone investono in opzioni è il livello di rischio e i rendimenti realizzati. A questo punto, dovresti aver notato l'enorme differenza tra il trading di opzioni e il trading diretto di azioni. Le opzioni possono essere negoziate in combinazione con altri strumenti finanziari. Lo scambio si effettua facilmente e, nella maggior parte dei casi, i profitti sono molto buoni.

Le opzioni sono considerate da molti come un'ottima alternativa al trading di azioni. Non costano molto e aiutano a proteggere la tua attività sottostante durante lo scambio. Esaminiamo alcuni dei principali vantaggi che le opzioni hanno rispetto ad altri strumenti di investimento.

Le opzioni comportano costi inferiori

Abbiamo già accennato al fatto che le opzioni hanno un alto potenziale di generare grandi profitti con piccoli investimenti di capitale. La maggior parte delle persone scambia le opzioni come alternativa ad altre forme di investimento proprio per questo motivo. Anche chi ha pochissimo capitale può ottenere un profitto significativo a condizione che applichi le giuste conoscenze e strategie.

Ciò significa che i trader possono aprire una posizione con le opzioni con lo stesso potenziale di una posizione con le azioni utilizzando importi inferiori di capitale. Supponiamo, ad esempio, che desideri acquistare 100 azioni a $ 80 per ciascuna azione. Ciò significa che dovrai racimolare $ 8000 per effettuare questo acquisto. Tuttavia, se dovessi acquistare le stesse azioni utilizzando due opzioni call ciascuna con un premio di $ 20, avrai bisogno della metà del capitale totale per lo stesso valore del titolo. Questo perché ogni call rappresenta 100 quote. Due call rappresenteranno 200 azioni, moltiplicando questo per $ 20 per azione, si arriva a $ 4000.

I bassi costi del trading di opzioni sono piuttosto vantaggiosi perché offrono agli investitori la possibilità di aumentare notevolmente il reddito in un breve periodo di tempo. Questo vantaggio è assente in una serie di strumenti finanziari, in particolare quelli a lungo termine poiché è necessario investire grandi quantità di denaro in tali strumenti per generare un reddito.

Le opzioni sono associate a livelli di rischio ridotti

Ogni strumento di investimento finanziario comporta una serie di rischi e questo vale anche per il trading di opzioni. Per la maggior parte di questi strumenti, si presume sempre che maggiore è il rischio, maggiore è il rendimento. Tuttavia, questo non è vero con le opzioni, poiché esiste un equilibrio tra il rischio e la ricompensa per ogni transazione. Nella maggior parte delle occasioni, il rischio è molto basso rispetto alla ricompensa realizzata. Alcuni fattori di mercato consentono ai trader di realizzare un profitto con rischi molto bassi. Un grande vantaggio del trading di opzioni è che puoi scegliere il tipo di strategia che desideri utilizzare nelle tue transazioni determinando in anticipo la quantità di rischio che sei disposto a correre per il tuo investimento. Puoi sempre combinare varie strategie e fattori di mercato per bilanciare o ridurre il rischio di ciascuna posizione. Più comprendi le basi del trading di opzioni, più saprai come minimizzare i rischi.

Il successo di ogni operazione dipende sempre dalla capacità del trader di ridurre i rischi. Se non capisci come misurare i rischi e aggirarli, potrebbe essere difficile per te ricavare un profitto da alcune transazioni. Sebbene vi sia ugualmente un rischio di perdere il capitale quando si fa trading di opzioni, questo rischio è relativamente basso rispetto a quello presente nel trading di azioni o titoli sottostanti. L'unico importo che potresti perdere nel trading di opzioni è l'importo del premio. Se analizzi correttamente i tuoi contratti e ti attieni alle regole dello scambio fino in fondo, otterrai sempre dei profitti.

Le strategie utilizzate nella valutazione delle opzioni aiutano gli investitori a calcolare il rischio connesso a determinati contratti prima di investire il proprio denaro. Ciò rende facile per i trader stimare tempestivamente i profitti e le perdite previsti. Con tali informazioni, puoi facilmente addentrarti nel trading con fiducia sapendo cosa aspettarti dal mercato. Utilizzando i giusti stili di trading e attenendoti alle giuste strategie, puoi facilmente ridurre le perdite e ottenere il massimo da ogni transazione.

In poche parole, le opzioni presentano rischi limitati e profitti illimitati. Quando il costo di un'opzione non ti ha favorito entro la scadenza, puoi lasciarla scadere, ma perderai il tuo premio. Questo è il motivo per cui, proprio come qualsiasi altra forma di investimento, è consigliabile investire solo ciò che puoi permetterti di perdere. Il livello di rischio dipende dal tuo livello di competenza e impegno. Se diventi negligente nelle tue operazioni, i rischi possono aumentare e potresti finire per perdere ogni volta.

Le opzioni aiutano a generare reddito passivo

Il mercato delle opzioni prevede l'utilizzo di diverse strategie. Alcune di queste possono aiutarti a generare un reddito passivo dallo scambio. Ad esempio, la strategia "covered call" consente di acquistare azioni, quindi guadagnare denaro vendendo call dallo stesso titolo agli investitori. In questo modo, sei ancora il proprietario del titolo, ma allo stesso tempo effettui alcuni resi dal titolo.

Altre strategie ti aiutano a sfruttare al massimo i fattori di mercato come la volatilità e il decadimento temporale. La diffusione delle opzioni e la combinazione di strategie ti aiutano anche a ottenere di più dallo scambio. Se aggiungi più quote a un'azione che paga dividendi, sarai in grado di aumentare significativamente il tuo reddito.

Le opzioni forniscono una leva per il tuo investimento

Per ogni contratto di opzione avviato, acquisti o vendi 100 quote di azioni. Ciò significa che puoi ottenere il controllo su un gran numero di azioni senza utilizzare grandi quantità di capitale. Questo perché l'importo necessario per negoziare un'opzione è di gran lunga inferiore al prezzo esatto delle azioni. Spendendo meno per ogni contratto, sarai in grado di scrivere più posizioni e negoziare grandi quantità di titoli sottostanti in un periodo di tempo più breve. Di conseguenza, moltiplicherai i tuoi profitti più velocemente e questo si tradurrà in una crescita rapida dei tuoi investimenti.

L'acquisto di un contratto di opzione non ti dà alcun diritto sulle azioni sottostanti. Hai accesso solo a una piccola percentuale del titolo sottostante. Se l'altra parte decide di esercitare il contratto prima della scadenza, c'è poco e, in alcuni casi, nulla da perdere. Dato che il valore di un'opzione è influenzato da molti altri fattori, oltre al valore dell'attività sottostante, è facile guadagnare dalle posizioni anche nel momento in cui il costo del titolo azionario sottostante non ha apportato alcun cambiamento significativo.

Questo spiega il motivo per cui il mercato delle opzioni ha investitori sia piccoli che più affermati.

Le opzioni offrono maggiore flessibilità e versatilità

Il trading di opzioni è molto flessibile. Questo è uno dei tanti fattori che fanno sì che il mercato sia piano di investitori. I contratti presentano sempre i termini più versatili e le strategie dello scambio sono piuttosto diverse. I trader possono applicare comodamente una combinazione di strategie su un unico contratto per ottenere il meglio per quanto riguarda il capitale.

Le opzioni vengono acquistate e vendute anche a seconda di un'ampia gamma di attività sottostanti.

Oltre a capire la direzione che possono prendere i prezzi, puoi anche scoprire come i prezzi delle valute estere, degli indici e delle materie prime possono cambiare in futuro. Questo ti aiuta a conoscere il tipo di titolo sottostante di cui hai bisogno per assicurarti di ottenere profitti rapidi.

Con le numerose strategie esistenti, diventa molto facile determinare il tipo di opportunità in cui investire. Ad esempio, se sei abile nel determinare i cambiamenti nel mercato Forex (dei cambi), puoi facilmente applicare questa abilità nel mercato delle opzioni per determinare come il mercato cambierà nel tempo. Una grande strategia che garantisce la flessibilità del trading di opzioni è l'uso degli spread. Puoi ridurre significativamente il costo dello scambio incorporando determinati spread e combinazioni. Questi non solo riducono il rischio di entrare in determinate posizioni, ma consentono anche di trarre un profitto dalle variazioni di prezzo in più di una direzione. Nelle operazioni incerte, puoi utilizzare queste strategie per coprire determinate posizioni per ridurre al minimo le perdite.

Puoi anche utilizzare le opzioni per creare posizioni sintetiche, che ti offrono diverse opportunità che ti aiutano a raggiungere i tuoi obiettivi di profitto. Queste posizioni sono comunemente utilizzate dagli esperti e forniscono un'ottima alternativa alle normali strategie utilizzate nel trading di opzioni.

La flessibilità nel trading di opzioni dipende dal modo in cui le persone utilizzano il loro tempo. Quando si tratta di opzioni, non è necessario che tu passi tutto il giorno a guardare il mercato per ottenere profitti. Le opzioni ti consentono di creare i tuoi contratti in base ai movimenti di prezzo previsti. Questo è totalmente diverso dalle strategie di buy and hold utilizzate con altri strumenti di investimento. Se investi in un contratto di opzione con un'alta probabilità di successo, non è necessario che passi il tempo a monitorare lo scambio. È possibile impostare ordini di stop loss per garantire che una posizione si chiuda non appena la direzione del mercato cambia.

Oltre a tutto ciò, hai anche la possibilità di dettare la durata di ogni contratto. Puoi quindi fare trading su base giornaliera, settimanale, mensile o anche annuale a seconda del tempo a tua disposizione. Ad esempio, se hai molto tempo durante la giornata, puoi intraprendere posizioni quotidiane.

I vantaggi sopra elencati spiegano perché il trading di opzioni è allettante per un buon numero di investitori. Il processo è abbastanza semplice e possono essere realizzati molti profitti in un breve periodo di tempo. Quando bilanci correttamente i tuoi contratti, puoi facilmente ridurre i rischi nel tuo portafoglio. Ad esempio, potresti decidere di combinare la vendita di azioni e l'acquisto di un'opzione put allo stesso tempo. Ciò ti garantirà un vantaggio quando il prezzo delle azioni salirà e limiterà le perdite in caso di diminuzione del prezzo delle azioni.

Quando si delinea un piano di trading per il mercato delle opzioni, è necessario fare attenzione a ogni aspetto del mercato. Innanzitutto, devi capire di quale conto hai bisogno per poter fare trading, così come l'ammontare di capitale richiesto come premio. Con un buon piano, sarai in grado di fare trading con successo e continuare a migliorare nel tempo.

CAPITOLO 3

Capitolo 3: Fondamenti del trading di opzioni

Il trading di opzioni ti offre un'opportunità di investimento che non può essere paragonata a nessun'altra. Tuttavia, prima di avventurarsi nello scambio, è utile acquisire una più profonda comprensione delle regole e dei fondamenti. Devi sapere esattamente come funziona perché questo servirà da base per tutti i tuoi contratti. Quando hai le giuste informazioni, diventa semplice per te fare una grande fortuna con le opzioni.

Poiché le opzioni sono regolate da limiti di tempo, la maggior parte delle persone ha un'idea sbagliata che lo scambio sia associato a un gran numero di rischi. Questo tuttavia non è vero, infatti questo è un settore redditizio per coloro che trascorrono il loro tempo a comprendere e applicare le tecniche necessarie.

Proprio come gli uomini d'affari creano un piano, allo stesso modo ogni trader dovrebbe avere un piano prima di iniziare a fare trading. Dovresti basare il piano sulla conoscenza che hai del mercato delle opzioni e sulle strategie coinvolte in ogni operazione. Il piano dovrebbe consistere in cose come:

- Il tuo livello di tolleranza al rischio
- Dimensione del portafoglio prevista
- Tempi di negoziazione
- Impostazione di stop and loss
- Tipi di azioni in permuta
- Obiettivi di profitto
- Ammontare dei premi

Le persone entrano nel mercato delle opzioni per diversi motivi. Tuttavia, è rischioso iniziare a fare trading senza alcuna conoscenza del settore. Ciò comporterà automaticamente la perdita del tuo capitale. Questo capitolo discute gli aspetti fondamentali del trading di opzioni che devi conoscere prima di iniziare.

Sistemi di trading di opzioni

Si riferisce a uno strumento o metodo utilizzato per creare segnali di acquisto e vendita sul mercato delle opzioni. Un sistema di trading di opzioni utilizza diverse tecniche di analisi delle azioni per generare segnali che ti aiutano a stabilire gli stili, le strategie e i tempi giusti per l'acquisto e la vendita di opzioni. La maggior parte di questi sistemi derivano da una serie di strategie di trading e utilizzano analisi sia tecniche che fondamentali per prevedere le tendenze del mercato.

L'analisi tecnica è uno dei metodi utilizzati per determinare il prezzo delle opzioni attraverso l'analisi della precedente performance di quest'ultime. L'analisi fondamentale, d'altra parte, utilizza informazioni di ricerche di mercato e fattori relativi alle azioni per determinare il prezzo delle opzioni. La maggior parte dei sistemi di trading di opzioni utilizza questi due metodi e altri fattori come la volatilità di un'opzione e il decadimento temporale per definire i modelli di trading.

Il sistema ti aiuta a soddisfare tutti i criteri richiesti prima di stipulare qualsiasi contratto. Dopo aver soddisfatto i requisiti necessari per lo scambio, si genera un segnale che ti dice se entrare, rimanere o uscire dal mercato. Senza le giuste procedure e informazioni, il mercato delle opzioni può diventare piuttosto complesso. È quasi impossibile fare trading nel mercato delle opzioni senza un sistema di trading. Oltre a regolare le tue prestazioni, il sistema ti impedisce anche di prendere decisioni emotive che possono portare alla perdita di capitale.

Fondamentalmente, un buon sistema di trading ti darà una presa sul mercato. È possibile utilizzare facilmente il sistema per controllare vari contratti che coprono migliaia di azioni contemporaneamente. Identificherai facilmente quei segnali che possono aiutarti a realizzare un profitto, evitando così quelli che sono falsi. La maggior parte dei sistemi di trading opera utilizzando alcune delle migliori strategie sul mercato. Ti aiuteranno quindi a proteggere il tuo investimento e, nel caso in cui il mercato diventi incerto, questo ti garantirà solo una piccolissima perdita.

Un grande vantaggio dei sistemi di trading di opzioni è che qualsiasi trader può svilupparne uno. Per avere successo, devi essere in grado di creare un sistema che utilizzi i diversi tipi di strategie disponibili sul mercato. È possibile aggiungere queste strategie una per una finché non si è soddisfatti del sistema risultante. Ricorda, più strategie aggiungi più sei preparato per la natura dinamica del mercato delle opzioni. La maggior parte degli investitori inizia con un piano prima di creare un sistema che aiuti a soddisfare questi piani. È sempre consigliabile iniziare con un sistema di base e poi continuare a costruirlo finché non si è sicuri che possa darti il 100% di successo sulla piattaforma.

Nel caso in cui desideri creare un sistema di trading, ecco alcuni passaggi importanti da seguire:

Scegli una strategia — seleziona una strategia che soddisfi le tue esigenze di trading per iniziare. Ad esempio, il modo migliore per iniziare è acquistare call e put. Puoi ottenere una strategia che ti aiuti a raggiungere questo obiettivo e poi usarla per creare il tuo sistema.

Inizia a fare trading — non appena definisci la tua strategia, puoi iniziare a rilevare alcuni contratti di base. Non andare su quelli complicati poiché la tua strategia potrebbe non essere in grado di gestirli. Puoi iniziare con uno o due contratti e continuare ad aumentare il numero man mano che il tuo sistema cresce. Tieni traccia delle tue transazioni, in quanto ciò ti consentirà di analizzare le tue prestazioni e determinare le modifiche che devi apportare al sistema.

Valuta il sistema — controlla i tuoi fallimenti e successi e usali per migliorare il tuo sistema. La frequenza con cui valuti il tuo sistema dipende dalla frequenza delle tue operazioni. Se sei un trader energico, dovrai farlo più spesso in modo da non perdere alcune tendenze importanti. Mentre lo fai, confronta le tue vittorie e le tue perdite. Elenca i fattori associati a ciascuna vittoria e quelli associati a ogni sconfitta. Inoltre, assicurati di analizzare i tuoi errori in modo da evitarli in futuro.

Apporta le modifiche necessarie — se noti una falla nel tuo sistema, prova a ripararla prima di fare altre operazioni. Questo è il modo in cui la maggior parte degli investitori migliora le proprie prestazioni nel mercato delle opzioni. Se continui a giustificare le tue debolezze, non sarai in grado di apportare le giuste modifiche e questo si tradurrà sempre in perdite. Studia i cambiamenti del mercato e continua ad aggiornare il tuo sistema per far fronte a questi cambiamenti.

Impara — ogni sistema di trading che crei deve continuare a cambiare per soddisfare gli standard del mercato. Devi essere sempre pronto ad apprendere nuove strategie e abilità che contribuiranno alla crescita del tuo sistema. Più studi, migliore diventerai.

L'uso degli spread delle opzioni

Lo spread delle opzioni ti consente di aprire due posizioni opposte l'una all'altra. Sono utilizzati dai trader per ridurre il rischio connesso al mercato delle opzioni. Gli spread ti consentono di acquistare e vendere opzioni derivate dallo stesso asset allo stesso tempo. Queste due opzioni presentano sempre prezzi di esercizio e date di scadenza diversi.

Le posizioni delle opzioni create derivano sempre dalla stessa classe di azioni. Il loro lavoro consiste nel limitare i potenziali lati positivi e negativi di ogni contratto. Un vantaggio dell'utilizzo degli spread è che riducono anche il costo dello scambio rispetto alle singole posizioni.

I trader possono creare diversi tipi di spread per soddisfare vari scopi. Un buon numero di strategie di trading fa uso di spread di opzioni. Come trader, devi conoscere ogni spread e capire dove può essere applicato. Gli spread possono essere raggruppati in tre categorie di base: ci sono spread diagonali, spread orizzontali e, infine, spread verticali.

Gli spread verticali normalmente provengono dallo stesso titolo sottostante, classe e anche date di scadenza simili. L'unica differenza tra questi spread è il prezzo di esercizio.

Gli spread orizzontali possono anche essere chiamati calendar spread (temporali, di calendario). Questi sono realizzati utilizzando opzioni che presentano gli stessi prezzi di esercizio e titoli sottostanti ma periodi di scadenza diversi.

La terza classe, gli spread diagonali sono quelli che utilizzano opzioni che condividono lo stesso titolo sottostante ma hanno date di scadenza e prezzi di esercizio diversi. Esempi di spread verticali includono bull, bear e butterfly spread (toro, orso e farfalla). Gli spread diagonali includono le covered call.

Utilizzo degli ordini nel trading di opzioni

Quando si investe nel mercato delle opzioni, ti sarà sempre richiesto di effettuare un ordine con un broker di opzioni. Esistono diversi tipi di ordini che puoi utilizzare per controllare le modalità di acquisto e vendita delle opzioni. Fondamentalmente, un ordine di opzioni comprende diversi parametri che determinano il funzionamento dell'ordine. Questi determinano se un trader deve aprire o chiudere una posizione e anche se acquistare o vendere un contratto. Per ogni ordine che utilizzi, devi scegliere la tempistica e il modo in cui viene compilato. Puoi decidere di entrare automaticamente in posizioni o di uscire da posizioni utilizzando una serie di ordini. Diamo un'occhiata ad alcuni degli ordini che puoi utilizzare quando fai trading di opzioni.

Buy to open (acquistare per aprire)

Questo è uno degli ordini più comuni effettuati dagli investitori. Dovresti utilizzare questo ordine se desideri acquistare un'opzione call o put o se desideri acquistare una combinazione di queste due. L'ordine buy to open è comune quando gli investitori sono convinti che il prezzo di un particolare contratto aumenterà prima della sua scadenza. Ad esempio, se un'opzione call di una società X viene scambiata a $ 2 e la sua opzione put viene venduta a $ 1,90, puoi decidere di acquistare call e put contemporaneamente per massimizzare il profitto.

Sell to open (vendere per aprire)

Questo tipo di ordine è comunemente utilizzato dai trader che desiderano vendere le loro posizioni. Se prevedi una diminuzione del prezzo di una particolare opzione, potresti trarre vantaggio da questa mossa aprendo un ordine sell to open nel tentativo di vendere allo scoperto l'opzione (short sell). È inoltre possibile utilizzare questo ordine per vendere un contratto di opzione put se esiste la possibilità che il prezzo del contratto salga.

Buy to close (acquistare per chiudere)

Questo ordine viene utilizzato quando si desidera chiudere una posizione corta già esistente. Ad esempio, se hai aperto una posizione sell to open, puoi terminarla utilizzando l'ordine buy to close. Equivale all'acquistare una posizione che hai venduto a un altro trader. Questo tipo di ordine delle opzioni può essere applicato in una serie di circostanze. Ad esempio, se il valore di un'opzione è diminuito, puoi utilizzare l'ordine per riacquistarlo con un profitto. In alternativa, se vendi una posizione e il valore del titolo sottostante continua a salire, puoi utilizzare questo ordine per chiudere la posizione come un modo per prevenire ulteriori perdite.

Sell to close (vendere per chiudere)

È possibile utilizzare questo ordine per chiudere una posizione lunga già esistente. Ad esempio, se in precedenza hai inserito una posizione buy to open, puoi terminarla utilizzando l'ordine sell to close. Questo ordine viene utilizzato principalmente da individui che desiderano realizzare profitti dopo che il prezzo del contratto di opzione è aumentato. Può anche essere utilizzato per fermare ulteriori perdite quando il prezzo di un contratto continua a scendere.

Filling order (esecuzione di un ordine)

Quando effettui un qualsiasi tipo di ordine, devi rivolgerti a un broker di opzioni che ti assisterà nell'esecuzione dell'operazione. Oltre a dire al broker il tipo di opzione che vuoi trattare, devi anche informarlo di come verrà eseguito l'ordine. Ogni ordine può essere eseguito a seconda del tipo di esecuzione che si desidera utilizzare. Esistono due tipi di filling order: ordine a mercato (market order) e ordine limite (limit order).

Gli ordini limite vengono utilizzati quando si desidera che il broker esegua il tuo ordine a un costo inferiore all'importo specificato. Ciò significa che il tuo ordine non verrà elaborato fino a quando non soddisfa i determinati parametri che hai specificato. Questo tipo di ordine ti impedisce di acquistare opzioni a un prezzo superiore a quello che puoi permetterti di pagare. Per quanto riguarda la vendita, l'ordine ti impedisce anche di vendere un contratto che ha un costo notevolmente inferiore a quello che ti aspettavi.

Gli ordini a mercato consentono al broker di eseguire il tuo ordine a qualsiasi costo senza essere regolato dal prezzo che fornisci. Tali ordini vengono spesso utilizzati quando si tratta di contratti che presentano prezzi stabili e alta liquidità. Gli ordini a mercato non sono ideali con le opzioni altamente volatili, poiché potresti finire per pagare più costi del previsto se acquisti opzioni, e guadagnare pochissimo se vendi opzioni. Ciò si traduce in una riduzione dei profitti.

Timing order (ordine a tempo)

Un ordine a tempo viene utilizzato per aggiungere parametri temporali a qualsiasi ordine effettuato. Questi ordini specificano alcuni parametri importanti che il broker utilizza per stabilire gli ordini migliori per te. Alcuni degli ordini a tempo includono **ordine tutto o niente** (all or none order), **day order** (ordine valido oggi), **ordine GTC** (good till cancelled), **IOC** (immediate or cancel) e **ordine di mercato in chiusura "MOC"** (market on close). L'ordine tutto o niente, noto anche come AON, viene applicato a quegli ordini che devono essere completati per intero. Ciò significa che se stai cercando di acquistare 100 opzioni ma il broker può ottenerne solo 95, questo ordine non verrà applicato. L'ordine rimarrà aperto fino a quando tutte le tue esigenze non saranno state soddisfatte prima della scadenza. Il day order è quello che viene eseguito durante un determinato giorno di negoziazione. Nel caso in cui l'ordine non venga eseguito per quel giorno, viene automaticamente annullato.

L'ordine **fill or kill** o FOK è quasi simile all'AON. L'unica differenza è che l'ordine AON rimane aperto fino a quando non viene evaso, mentre l'ordine FOK si annulla automaticamente se le condizioni di scambio non possono essere soddisfatte nel momento in cui l'ordine viene aperto. Il GTC o valido fino alla cancellazione dell'ordine è quello che rimane aperto finché il broker non lo annulla.

Ordini di uscita

Un'altra classe di ordini sono gli ordini di uscita che puoi utilizzare per limitare le perdite. Sono utili quando si hanno più contratti aperti contemporaneamente, quindi non è possibile chiuderli tutti manualmente. Puoi impostare ordini di uscita per aiutarti a chiudere alcuni di questi automaticamente. Alcuni ordini di uscita utilizzati oggi sul mercato delle opzioni includono **ordini stop** (stop orders), **ordini stop-limit**, **ordini trailing stop** e **ordini contingenti**.

Gli ordini stop vengono utilizzati per chiudere un determinato contratto una volta raggiunta una posizione specifica. Ad esempio, se hai più contatti, puoi impostare uno stop order a un determinato livello di prezzo. Ciò significa che quando un contratto raggiunge quel prezzo, il sistema lo vende automaticamente con un profitto.

L'ordine stop-limit è quello che si trasforma in un ordine limite non appena il contratto raggiunge un certo livello di prezzo mentre l'ordine trailing stop è uno il cui prezzo stop si basa sulle fluttuazioni del costo del contratto stipulato. Gli investitori e gli analisti di mercato normalmente indicano questo cambiamento come un numero o una percentuale. Ad esempio, un ordine finale per una determinata opzione può essere attivato non appena il prezzo dell'opzione scende del 10% dal suo prezzo più alto. Ci sono altri ordini noti come ordini contingenti. Questi vengono utilizzati per uscire dalle posizioni in base a un set personalizzato di parametri. Ad esempio, puoi creare un ordine che richiede al broker di vendere la tua opzione non appena il suo prezzo aumenta di una percentuale specifica.

Gli ordini possono essere utilizzati anche in combinazione. Questo è abbastanza comune nelle strategie di trading più avanzate. Esistono due tipi specifici di ordini combinati. Uno è **l'ordine OTO** (l'uno avvia l'altro), un ordine primario attiva un ordine secondario non appena si verifica un evento prestabilito. Il secondo tipo è **l'ordine OCO** (un ordine ne cancella un altro). Ciò significa che un ordine viene annullato non appena viene evaso l'altro.

Prezzo delle opzioni

Quando entri nel settore del trading di opzioni, devi prima cercare di capire come queste vengono valutate e alcuni dei fattori che determinano il prezzo. Questo perché il prezzo delle opzioni va oltre il valore assegnato al titolo sottostante. Si possono facilmente fare stime del prezzo di un particolare contratto se si hanno informazioni sugli elementi che contribuiscono alle sue variazioni di prezzo. Per ogni valore che incontri durante il trading di opzioni, potrebbero essere stati effettuati diversi calcoli per ottenerlo.

Sono stati stabiliti diversi modelli per aiutare gli investitori a determinare il prezzo delle opzioni. Uno di questi modelli è il modello Black-Scholes che aiuta i trader a valutare i propri investimenti con facilità. Il modello ti aiuta a generare il valore di un'opzione combinando diversi attributi associati al contratto come la volatilità, la data di scadenza e i tassi di interesse. Utilizza una serie di ipotesi che influenzano il modo in cui viene calcolato il prezzo.

Uno dei presupposti è che il mercato e i tassi di interesse non cambino durante il periodo di negoziazione dei contratti. Il modello presuppone inoltre che l'investitore non guadagni alcun dividendo sull'azione sottostante e che non ci siano costi di transazione coinvolti nello scambio. Inoltre, considera la volatilità una cifra costante per tutta la transazione.

Nonostante tutte queste ipotesi, la maggior parte dei trader fa affidamento su questo modello per valutare le proprie opzioni e prevedere eventuali tendenze nel mercato delle opzioni. Il modello funziona utilizzando una formula di moto browniano come citato di seguito:

Prezzo teorico dell'opzione $= pN(d_1) - se^{-rt}N(d_2)$

$$\text{dove } d_1 = \frac{\ln\left(\frac{p}{s}\right) + \left(r + \frac{v^2}{2}\right)t}{v\sqrt{t}}$$

$$d_2 = d_1 - v\sqrt{t}$$

Le variabili sono:
- p = prezzo delle azioni
- s = prezzo di esercizio
- t = scadenza/tempo rimanente fino alla scadenza, espresso come percentuale di un anno
- r = tasso di interesse attuale privo di rischio
- v = volatilità misurata dalla deviazione standard annuale
- $\ln$ = logaritmo annuale
- $N(x)$ = funzione di densità normale cumulativa

Figura 2: formula di Black e Scholes

Questo modello determina il prezzo di un'opzione da sei variabili. Questi sono il tipo di opzione, il suo costo di scambio o il costo di esercizio, il costo del capitale proprio, il tasso di interesse, i livelli di volatilità e il valore temporale di un contratto. In base a questa formula, il tempo rimanente per la scadenza di un'opzione influisce notevolmente sul profitto risultante che un investitore ottiene dallo scambio. Indica anche che comunicati, notizie finanziarie e voci sul mercato delle opzioni possono influire in modo significativo sul prezzo di un'opzione. Le notizie positive aumentano i prezzi mentre quelle negative provocano un calo dei prezzi.

Oltre a questo modello, vengono utilizzati molti altri fattori per determinare il prezzo di un'opzione. Vediamone alcuni di base.

Il capitale proprio

Questo è il fattore determinante iniziale del prezzo delle opzioni. Quando il costo del capitale proprio cambia, automaticamente cambia anche il costo del contratto di opzione. Le alterazioni subite dal prezzo di un titolo influiscono anche sul costo di chiusura di qualsiasi posizione. Quando si acquista o si vende e il capitale sottostante sale, aumenta anche il costo applicato alla relativa opzione. Se il prezzo dell'azione diminuisce, diminuisce anche il costo di negoziazione dell'opzione correlata. Il valore attribuito al capitale sottostante è dettato da una vasta gamma di fattori. Uno di questi è il livello di domanda e offerta; altri includono il volume delle azioni così come la reputazione della società che quota le azioni sul mercato.

Volatilità delle azioni

La volatilità è diventata una componente ampiamente nota a causa del ruolo che svolge nel mercato azionario. Può essere definita come la velocità con cui il valore di una particolare opzione continua a cambiare verso l'alto o verso il basso.

È uno degli elementi che influenzano i prezzi nel mercato delle opzioni. In termini semplici, la volatilità si riferisce al tasso al quale le opzioni di prezzo cambiano, in modo positivo o negativo. L'elevata volatilità si traduce spesso in prezzi elevati, mentre la bassa volatilità causa prezzi delle opzioni bassi. Per stabilire il prezzo delle opzioni, vengono utilizzate sia la volatilità storica che la volatilità implicita. Tuttavia, è necessario notare che la volatilità non è una cifra e può essere solo stimata.

Periodo di scadenza

Il valore di un'opzione è fortemente influenzato dal tempo a disposizione prima che l'opzione scada. Quando un'opzione si avvicina alla scadenza, il suo valore temporale scende e ciò potrebbe causare una diminuzione del prezzo, poiché, a questo punto, meno persone saranno interessate a investire nell'opzione. Quando il periodo tra il periodo corrente e l'ora di scadenza è troppo grande, l'opzione ha ancora il potenziale per cambiare rotta e questa considerevole quantità di tempo disponibile può far aumentare la domanda, provocando un aumento dei prezzi. Il tempo è quindi una componente importante che influisce sul costo finale di acquisto e vendita di contratti.

Prezzo di esercizio

Descrive il costo concordato tra acquirenti e venditori di opzioni durante la creazione di un contratto di opzioni. Nel settore delle opzioni, è possibile ottenere un profitto quando il valore del titolo sottostante di un'opzione supera o scende al di sotto del prezzo di esercizio. Come accennato in precedenza, nel mercato delle opzioni vengono negoziate due categorie di opzioni: put e call. Il costo di un'opzione è anche determinato dal suo tipo. L'acquisto o la vendita di un'opzione può causare la diminuzione o l'aumento del valore di un'opzione, poiché ciò influisce sulla liquidità di quest'ultima. Prendendo questo esempio, il costo di una determinata opzione potrebbe diminuire drasticamente e molti acquirenti si affretteranno ad acquistarla. Ciò significa che la domanda della suddetta opzione diventerà elevata. Di conseguenza, il numero di azioni associate all'opzione potrebbe diminuire, determinando un drastico aumento dei prezzi della stessa opzione in un breve periodo di tempo.

Tassi di interesse

Sebbene l'effetto dei tassi di interesse sul prezzo di un'opzione sia piuttosto ridotto, è comunque importante prenderne nota. Gli interessi elevati si traducono sempre in costi elevati per le opzioni call e costi inferiori per le opzioni put.

Oltre a questi, anche i dividendi influenzano i prezzi delle opzioni. Nella maggior parte dei casi, un aumento del numero di dividendi provoca un aumento del prezzo delle opzioni put e una diminuzione del prezzo delle opzioni call. Questo perché i dividendi influenzano il valore del titolo sottostante, che a sua volta influisce sul valore delle opzioni associate.

Oltre a questi fattori di base, vi è anche una serie di fattori più avanzati che possono influenzare il valore di un'opzione, direttamente o indirettamente. Questi sono fattori fondamentali o fattori tecnici.

I fattori fondamentali sono quelli che si basano sul rapporto tra la base e il profitto di un'opzione.

Il rapporto di guadagno di una particolare opzione è il profitto realizzato dalla negoziazione dell'opzione.

La base di guadagno, invece, è determinata dalla società che vende il titolo.

I fattori tecnici sono condizioni esterne che influenzano l'offerta e la domanda di un'opzione. Questi includono fattori come market sentiment (sentimento del mercato), inflazione, tendenze di mercato e notizie sui prezzi.

Segnali del trading di opzioni

I segnali di trading sono molto popolari nel mercato delle opzioni. Questi sono usati sia dai principianti che dai trader esperti. Se sei un principiante, i segnali possono aiutarti a capire più velocemente il processo di trading; se sei un trader esperto, questi ti aiutano a piazzare e gestire scambi dal volume più elevato. Sono utili anche per capire come si comporta il mercato e cosa aspettarsi in futuro.

I segnali di trading sono efficaci quando si tratta di aumentare i tuoi profitti. Ti aiutano a ridurre il tempo che devi dedicare alla valutazione del mercato. Sebbene siano utili, comportano una spesa extra, poiché è necessario pagare le quote di abbonamento per segnalare ai provider di usufruire dei servizi. Anche la percentuale di successo dei segnali varia da un provider all'altro. Poiché questi sono disponibili solo tramite società di terze parti, è importante capire come funzionano perché ciò ti consentirà di selezionare quelli più affidabili.

Quando si tratta del mercato delle opzioni, i segnali possono essere generati da esperti umani o da applicazioni software. Spesso utilizzano una serie di parametri di mercato per determinare il movimento di prezzo più probabile di un determinato titolo. Questi parametri di mercato possono essere sotto forma di schemi grafici, indicatori tecnici e molti altri. I segnali delle opzioni generati dall'essere umano utilizzano principalmente fattori fondamentali per prevedere le variazioni di prezzo. Una volta generati, questi vengono inviati al trader come informazioni che possono essere utilizzate per determinare la direzione dello scambio. Il trader utilizza queste informazioni per stabilire il periodo e la strategia giusti da utilizzare per il trading.

Fondamentalmente, il trading di opzioni viene effettuato su piattaforme online, che danno ai trader l'accesso a un gran numero di mercati globali. Diverse piattaforme presentano diversi titoli sottostanti e questo significa che la piattaforma scelta è essenziale quando si tratta di determinare il successo del tuo scambio. Sta a te stabilire le tue esigenze e quindi identificare una piattaforma che ti consenta di soddisfarle. Quando selezioni una piattaforma, controlla la gamma di strumenti finanziari disponibili, poiché desideri avere un mercato che abbia quante più scelte possibili. In questo modo aumenterai significativamente le tue opportunità di trading e avrai alternative migliori ogni volta che uno strumento non riesce a fornirti successo.

CAPITOLO 4

Capitolo 4: Introduzione al trading di opzioni

Iniziare a fare trading di opzioni può essere difficile, soprattutto se non padroneggi gli stili e le strategie di trading giusti. Sul mercato avvengono molti cambiamenti e c'è molto che devi imparare anche mentre sei ancora in prova. Un grande vantaggio di questo tipo di trading è che le informazioni sono prontamente disponibili. La maggior parte dei trader di successo che sono nel settore da molto ammette che il primo passo per diventare un esperto nel trading di opzioni è ottenere buone risorse. Queste sono utili perché ti danno un'idea di ciò che accade nel mercato e di come devi trovare gli strumenti di trading giusti. Questo capitolo descrive tutto ciò di cui hai bisogno per iniziare a comprare e vendere opzioni.

Conti di trading di opzioni

Dopo aver acquisito le giuste conoscenze sul trading di opzioni, il passo successivo è identificare il giusto conto di trading. Una volta ottenuto un conto, puoi iniziare a inserire i tuoi ordini e farli eseguire da un broker per te.

Fondamentalmente, nel trading di opzioni possono essere utilizzati due tipi di conti: un conto a margine e un conto in contanti (cash account). Quando apri un conto, il broker ti chiederà sempre il tipo di conto che desideri avere. Un conto in contanti ti consente di utilizzare i contanti nel tuo conto come premio mentre un conto a margine ti consente di utilizzare le tue azioni e le opzioni a lungo termine per prendere in prestito fondi dai broker da utilizzare come premio. Di seguito sono riportati i passaggi da seguire quando si apre un conto di brokeraggio di opzioni:

Stabilisci il tipo di conto di cui hai bisogno —può trattarsi di un conto in contanti o un conto a margine. Il tipo di conto selezionato sarà determinato dai tuoi obiettivi di investimento, dai termini di funzionamento del conto e dall'ammontare di capitale che hai. Se disponi di abbastanza liquidi, il broker aprirà sicuramente un conto in contanti per te. Tuttavia, se disponi di alcune azioni sottostanti ma non disponi di liquidità sufficiente, potresti dover considerare di ottenere un conto a margine. Con tale conto, sarai in grado di prendere in prestito denaro per acquistare le tue opzioni e restituirlo in seguito. In questo caso, il titolo che hai servirà come garanzia.

Identifica eventuali costi aggiuntivi — alcuni conti prevedono costi aggiuntivi come costi di manutenzione e supporto. Ciascun conto include commissioni standard per i broker. Devi esaminare questi addebiti per capire quanto ti costerà, in totale, iniziare la transazione. Ad esempio, alcuni broker spesso addebitano un importo di $ 0,75 per ogni contratto che ordinano per te, oltre alle commissioni standard. È necessario scoprire se tali addebiti si applicano prima di creare il conto.

Controlla l'elenco dei servizi — il costo di un conto non è sufficiente per determinare ciò che fa per te, anche se è bene trovare un conto che costa meno. È importante considerare anche altri fattori, che determinano il valore di qualsiasi conto di trading di opzioni. Ad esempio, devi scoprire se ti darà un accesso adeguato alle informazioni di ricerca. Alcuni buoni conti di brokeraggio offrono ai trader una vasta gamma di valutazioni di azioni e collegamenti a informazioni di terze parti sul trading di opzioni. Scopri se il conto che stai scegliendo fornisce queste informazioni. Inoltre, controlla alcune delle piattaforme di trading supportate dal conto di brokeraggio. Alcune società di brokeraggio ti permetteranno di testare alcuni conti prima di impegnarti con loro. È bene controllare il tipo di piattaforme supportate dal conto per motivi di versatilità.

Scegli una società di brokeraggio — una volta che hai i dettagli sulle diverse società, prendi una decisione ponderata valutando i vantaggi e gli svantaggi di ciascuna. Questo ti aiuterà a selezionare la migliore società per te e, una volta che avrai finito, potrai creare il tuo conto. La maggior parte dei conti di trading può essere creata online anche se potrebbe essere necessario fornire copie di alcuni dei tuoi documenti di identificazione.

Deposita fondi — con un conto di trading pronto, puoi quindi depositare dei fondi su di esso per iniziare a fare trading. Quando aggiungi denaro al tuo conto, tieni presente il minimo che spetta al broker, poiché ogni conto può avere un importo minimo diverso.

Praticamente, c'è sempre un importo minimo di capitale richiesto quando si apre un conto di trading di opzioni. Questo importo dipende dal tipo di conto che desideri aprire e dalle regole della società di brokeraggio che ingaggi.

Ora sei pronto per iniziare a fare trading. Ecco una guida sistematica su come effettuare il primo scambio di opzioni:

1. Accedi al tuo conto di trading.
2. Trova la pagina dello scambio o dell'ordine nel conto di trading.
3. Controlla l'elenco delle quotazioni di mercato disponibili e scegline una che coinvolga le opzioni.
4. Seleziona il prezzo di esercizio e il mese di scadenza.
5. Definisci se si tratta di un'opzione call o put.
6. Specifica il numero di contratti che desideri negoziare.
7. Imposta il premio desiderato.
8. Imposta gli ordini per i tuoi contratti.
9. Conferma le tue opzioni e invia.

La creazione di un conto di brokeraggio per il trading di opzioni non implica necessariamente che possa iniziare ad acquistare e vendere opzioni. Devi aspettare che il tuo conto venga approvato dalla società di brokeraggio scelta prima di poter iniziare a fare trading. Ci sono delle scale tipiche che queste società utilizzano per valutarti prima che venga concessa l'approvazione. Queste includono l'accesso a covered call, spread, uncovered call e put e l'acquisto di call e put. Il livello di approvazione è determinato da una serie di fattori. Un fattore riguarda i tuoi obiettivi di trading. La società valuta se stai cercando di mantenere il tuo capitale o se vuoi semplicemente aumentare i tuoi livelli di reddito.

Un altro fattore è la tua esperienza nel mercato delle opzioni. Più sei esperto, più alto sarà il tuo punteggio nelle cinque scale sopra elencate. Ciò significa che l'azienda ti esporrà a più opportunità di trading rispetto a una persona nella media o del tutto priva di capacità di trading. La tua esperienza sarà determinata dal numero di operazioni che hai completato con successo in passato. Un ultimo fattore sarà la tolleranza al rischio, ovvero la capacità di sopportare determinati livelli di perdite. Le informazioni richieste in questo caso riguardano il tuo status lavorativo (impiegato o disoccupato), se hai investito tutti i tuoi risparmi nel trading, così come il tuo patrimonio netto. I broker useranno queste informazioni per determinare il livello di trading che fa per te.

Impostazione di un piano di opzioni

Un piano di trading di opzioni delinea i termini e le condizioni che devi soddisfare quando fai trading. È importante elaborare un piano di trading prima di iniziare perché ti aiuterà a identificare e implementare con successo alcune delle strategie di investimento. Avere un piano prima di iniziare a investire ti aiuterà a evitare quei contratti che non sono così promettenti in termini di profitto. Alcune delle componenti che dovrebbero definire il tuo piano di trading di opzioni includono:

Investimento iniziale previsto — questo è l'importo che intendi investire come primo premio. È importante elencarlo perché non vuoi finire per forzare la mano. Una cosa grandiosa del trading di opzioni è che puoi investire piccole quantità di capitale e ottenere comunque un buon profitto. All'inizio, si consiglia di non immettere sul mercato grandi quantità di denaro, poiché ciò potrebbe esporti a una vasta gamma di rischi. Man mano che il tempo passa e capisci come funziona il mercato, puoi aumentare i tuoi depositi gradualmente per aumentare i tuoi profitti.

Capitale di rischio — è anche essenziale definire i livelli di tolleranza al rischio. Questa è la quantità di capitale che puoi "sopportare" di perdere senza che ciò influisca sul tuo tenore di vita. La maggior parte dei piani include solo l'importo che una persona è disposta a investire ma non include l'importo che è pronta a perdere. Definendo il tuo capitale di rischio, determinerai facilmente quando è il momento giusto per abbandonare lo scambio. Quando perdi un importo equivalente al capitale di rischio, puoi decidere di reinvestire un po' di più o chiudere lo scambio.

Strategie di trading — nel trading di opzioni, ogni posizione è sempre unica. Pertanto, non tutte le strategie funzionano per tutti. Quando crei il tuo piano di trading, dovrai identificare quelle strategie che funzioneranno per il tuo piano. Queste strategie ti aiuteranno a controllare le tue decisioni di vendita e acquisto. Se, ad esempio, sei una persona che comprende il principio dell'investimento difensivo, potresti non aver bisogno di includere alcune strategie nel tuo piano perché sei in grado di controllarti. Tuttavia, se sei un trader che deve operare secondo regole rigide, dovrai includere ogni strategia che intendi utilizzare nel tuo piano di trading. È sempre meglio delineare tutto piuttosto che rischiare di tralasciare alcuni passaggi importanti e poi sbagliare durante il trading.

Ordini stop-loss — anche questi devono far parte del tuo piano. Sebbene le opzioni siano associate a rischi molto piccoli, non è bene presumere che non perderai denaro. Pertanto, devi essere in grado di implementare tecniche di gestione del rischio come gli ordini di stop-loss per assicurarti di non perdere nessuno dei tuoi investimenti oltre una certa percentuale.

Analisi di mercato — come intendi studiare le tendenze del mercato? Come stabilirai i contratti vincenti e come intendi differenziarli da quei contratti privi di valore? L'analisi tecnica è alla base di ogni piano di trading efficace. Questo ti aiuta a determinare le direzioni del mercato e il motivo per cui si verificano. È un aspetto potente che consente ai trader di entrare in alcune posizioni e di uscire da altre.

Obiettivi di trading — ti aiutano a soddisfare le tue esigenze di trading. Un buon piano di trading è quello che definisce obiettivi realistici e raggiungibili in termini di profitto, rischio e ricompensa. Ad esempio, dovresti essere in grado di definire il rapporto rischio/rendimento minimo accettabile per te. La maggior parte dei trader assume solo posizioni il cui profitto è tre volte (o più) maggiore del rischio.

Regole di entrata e di uscita — ogni operazione ha un punto di ingresso e un punto di uscita. La maggior parte dei trader si sforza per determinare quali posizioni acquisire ma non riesce a determinare come uscire da tali posizioni. Per ogni operazione in cui entri, devi sempre definire un punto di uscita. Le uscite sono in realtà più importanti dei punti di entrata perché determinano se chiuderai una posizione con un profitto o una perdita.

Trovare un broker di opzioni

I broker di opzioni svolgono un ruolo fondamentale nel garantire il tuo successo nel settore. Forniscono il meglio per quanto riguarda le informazioni, supporto e strumenti necessari per operare in modo efficace. Ti proteggono anche dall'inserimento di ordini non necessari e ti insegnano come controllare i tuoi investimenti per garantire una perdita minima.

I broker di opzioni ti aiutano anche a prendere le decisioni giuste quando si tratta di investire nel mercato delle opzioni. È possibile selezionare un broker in base a due categorie: discount broker e full-service broker.

I tipi di discount broker sono anche chiamati broker tradizionali. Questi ti offrono una vasta gamma di servizi di trading a costi elevati. Parte dei loro servizi include offrirti consigli di trading e aiutarti a gestire i tuoi investimenti. Tuttavia, non forniscono informazioni sugli investimenti. Inoltre non prendono parte alle tue decisioni di investimento, permettendoti di prendere tutte le decisioni relative al tuo conto. L'unico compito che i discount broker svolgono per tuo conto è l'elaborazione degli ordini.
Pertanto, addebitano importi significativamente inferiori rispetto ai full-service broker.

Se sei un trader principiante che vuole essere guidato attraverso il processo di trading, potrebbe essere necessario ottenere un full-service broker. Tuttavia, se sei un esperto nel trading di opzioni e sei sicuro della tua esperienza, puoi optare per un discount broker, poiché puoi svolgere la maggior parte delle attività da solo.

Trovare il broker giusto è una parte essenziale del trading di opzioni. Il livello di competenza ed esperienza del broker determinerà se i tuoi ordini avranno esito positivo o negativo. Potresti trovarne uno che offre le migliori commissioni ma non ha tutti gli strumenti necessari per il trading. Esaminiamo alcuni degli altri fattori da considerare quando si sceglie un broker di opzioni:

Disponibilità — quando si sceglie un broker, è necessario prima comprendere la disponibilità della loro piattaforma di brokeraggio. La reattività e la disponibilità del conto di trading sono alcune delle componenti più cruciali per il trading online. Non ha senso aprire un conto di brokeraggio che addebiti commissioni basse, ma che ha il sito sommerso da un traffico elevato. Ciò significa che avrai una perdita su alcuni contratti a causa dell'indisponibilità del sito. La reattività di una piattaforma determina quanto sei tempestivo nelle tue transazioni. Proprio come qualsiasi altra forma aggressiva di trading, il tempo è essenziale quando si tratta di trading di opzioni. Pertanto, hai bisogno di un conto di brokeraggio disponibile 24 ore su 24, 7 giorni su 7, perché i mercati continuano a cambiare ogni secondo e non vuoi perdere nessuna opportunità per realizzare un buon profitto.

Qualità delle transazioni — un buon broker è colui che garantisce il miglior prezzo di acquisto e di vendita per ogni contratto. La maggior parte dei broker è abile nella negoziazione di contratti e devi accontentarti di uno che possa negoziare a nome tuo. Dovresti sempre ottenere il miglior prezzo ask quando acquisti opzioni e il miglior prezzo bid quando vendi le tue opzioni.

Strumenti utili — poiché il processo di trading di opzioni è piuttosto complicato, soprattutto per i principianti, dovresti cercare di ottenere un conto di trading con un'interfaccia facile da usare. Semplici interfacce di trading e di piazzamento degli ordini ti aiuteranno a evitare alcuni errori che possono farti sostenere maggiori costi. Ad esempio, potrebbe essere necessario ingaggiare società di brokeraggio che forniscano moduli d'ordine a schermo singolo per alcune delle strategie di trading di opzioni più complicate come condor, covered call e butterfly.

Tariffe e commissioni di brokeraggio — alcuni dei broker di trading di opzioni sono spesso complessi quando si tratta di calcolare commissioni e tariffe. Per la maggior parte dei conti di brokeraggio, la sezione delle commissioni prevede sempre due tipi di addebiti: la commissione per contratto e la commissione per transazione. La commissione per transazione è sempre una commissione minima che il broker addebita per ciascuna transazione e la commissione per contratto viene addebitata per ogni contratto coinvolto in una transazione. Altri addebitano anche la commissione di assegnazione dell'opzione, che viene addebitata ogni volta che vendi un'opzione o quando la tua opzione viene esercitata da un acquirente. La commissione di esercizio viene addebitata quando si esercita un'opzione call o put.

Queste commissioni variano a seconda del broker e, se non stai attento, possono ridurre significativamente i tuoi guadagni e profitti. Nel caso in cui desideri investire in opzioni, devi essere in grado di capire quanto dei tuoi profitti verranno rivendicati dal broker.

Dopo aver considerato gli altri fattori menzionati, è necessario assicurarsi di ottenere un broker che addebiti commissioni realistiche. Dopo aver padroneggiato il trading, puoi iniziare a svolgere alcune attività da solo per ridurre al minimo le commissioni. Ecco perché devi continuare a studiare le piattaforme e gli stili di trading, anche se hai un buon broker che può fare tutto per te. È più appagante e gratificante fare trading individualmente piuttosto che impegnarsi con un broker. Alla fine, il tuo desiderio è quello di ottenere un buon profitto da ogni transazione.

La piattaforma di trading — quali piattaforme di trading offre il broker? La piattaforma di trading che utilizzi determina in gran parte quanto guadagnerai dai tuoi investimenti. Dovrebbe consentirti di analizzare il mercato delle opzioni, impostare operazioni semplici e confrontare vari parametri di mercato prima di effettuare un ordine. Ciò significa che hai bisogno di una piattaforma che ti fornisca informazioni come grafici delle prestazioni, profili di rischio e informazioni sulla volatilità delle opzioni che ti interessano. Dovrebbe anche essere abbastanza flessibile da consentire di passare facilmente da un'area di informazione all'altra. Un buon broker è colui che ti offre una tale piattaforma.

Order routing — è ciò che ti dà la leva quando si tratta di ottenere il miglior processo di esecuzione. Un broker che ti dia una conoscenza teorica del mercato è buono, tuttavia, hai bisogno di uno che si occupi in modo pratico dell'order routing. Fondamentalmente, un broker dovrebbe garantire che i tuoi ordini vengano inviati a un gran numero di borse e dovrebbe aiutarti ad ottenere le migliori offerte in termini di prezzo e liquidità di mercato. Il broker dovrebbe anche garantire che i tuoi ordini vengano elaborati a velocità più elevate in modo da non perdere le offerte. Alcuni broker lo fanno in tempo reale, mentre altri impiegano tempo per elaborare i tuoi ordini. Dovresti determinare questi fattori prima di accontentarti di un particolare broker.

Supporto — di tanto in tanto, avrai bisogno di supporto e di una guida su come effettuare gli ordini. Vuoi qualcuno che verificherà se le tue analisi e previsioni sono corrette. Il tuo broker dovrebbe essere disponibile per guidarti in caso di necessità. Le migliori società di brokeraggio sono quelle che ti offrono supporto e formazione attivi e continui. Sebbene ti affidi ai servizi di tali aziende, dovresti comunque continuare ad accrescere le tue capacità di trading.

Mentori di trading di opzioni

I mentori sono persone fantastiche che ti aiutano ad acquisire esperienza in modo semplice. Proprio come per qualsiasi altra attività, hai bisogno di un mentore anche nel trading di opzioni. Questa è una persona che ti aiuterà ad acquisire conoscenze sull'investimento trasmettendoti ciò che ha imparato nel tempo. Sebbene le ricerche possano fornirti tutte le informazioni necessarie sul trading di opzioni, queste non possono sostituire la necessità di un tutor.

Prima di identificare il mentore più adatto a te, devi capire cosa vuoi. Questo perché le opzioni hanno diverse funzioni in diverse configurazioni. Definisci i tuoi obiettivi e restringili in strategie efficaci. Sei entrato nel trading per generare reddito dalle tue azioni? Vuoi scambiare opzioni come un modo per proteggere il tuo portafoglio di azioni o stai solo cercando un modo per ottenere maggiori profitti? Queste sono alcune delle domande che devi porti prima della ricerca.

Dopo aver impostato i tuoi obiettivi, definisci strategie chiare che possono aiutarti a raggiungere il tuo obiettivo.

Piattaforme di trading

Le piattaforme di trading di opzioni sono disponibili in diverse varietà. Queste sono offerte dalle società di brokeraggio per aiutarti a fare trading a qualsiasi livello tu voglia. Alcune piattaforme presentano solo componenti di base, mentre altre contengono funzionalità più avanzate come analisi di mercato e commercio, nonché strumenti di determinazione del prezzo. Queste sono disponibili come applicazioni web o programmi autonomi. La decisione di utilizzare una qualsiasi di queste spetta all'investitore. Tuttavia, la maggior parte delle piattaforme basate sul Web sono spesso meno reattive e non facili da personalizzare. Sono spesso accessibili tramite il sito web del broker. Le piattaforme autonome tendono ad essere più flessibili e contengono di più in termini di strumenti e grafici. Puoi facilmente personalizzarle con un layout e una schermata adatti alle tue esigenze di trading.

Scegliere la piattaforma di trading giusta che si adatta alle tue esigenze è molto importante perché può rendere la tua esperienza di trading più produttiva e meno dispendiosa in termini di tempo. Tuttavia, con l'ampia gamma di piattaforme disponibili sul mercato, selezionarne una buona può diventare un'impresa noiosa. Questo perché alcune piattaforme sono più pubblicizzate di altre. Tuttavia, ci sono una serie di elementi che gli investitori professionali cercano per la scelta di una buona piattaforma. Ecco qui alcuni di loro:

Prezzo per operazione (price per trade) — questa è sempre la prima considerazione che gli investitori fanno quando devono scegliere una piattaforma di trading. Il prezzo per operazione si riferisce alla quantità di denaro che pagherai per ogni transazione completata sulla piattaforma. Se sei un trader attivo, ti renderai conto di quanto sia importante, date le spese per alcune commissioni e tariffe già presenti. Devi controllare le piattaforme che fanno pagare meno per ogni operazione completata.

Commissioni mensili — alcune piattaforme addebitano agli investitori una commissione di servizio mensile. Questo è sempre sotto forma di inattività e spese di manutenzione. Hai bisogno di una piattaforma che addebiti zero costi di manutenzione mensili, in quanto ciò garantirà che il tuo investimento rimanga redditizio.

Esecuzione più rapida — questa è un'altra priorità per investitori e trader. Se hai bisogno di un conto che completi le tue operazioni più velocemente, devi scegliere una piattaforma che ti permetta di farlo con facilità. Questo è abbastanza importante quando le opzioni che vuoi scambiare rappresentano asset in rapido movimento. In questo caso, la differenza tra ottenere un profitto e perdere il tuo investimento sta nella velocità con cui vengono elaborati i tuoi ordini. Pertanto, la velocità di esecuzione delle transazioni dovrebbe essere una priorità assoluta per te se vuoi avere successo nelle tue operazioni.

Oltre alla velocità, vuoi anche scegliere una piattaforma che porti un valore aggiunto per te. Ad esempio, alcune piattaforme offrono sempre promozioni di valore per i loro clienti. Ad esempio, quando apri un conto, ti vengono dati $ 1000 gratis. Altri forniscono supporto agli utenti 24 ore su 24, 7 giorni su 7, mentre alcuni offrono persino strumenti di ricerca gratuiti. Alcune piattaforme dispongono anche di un conto demo che ti consente di imparare prima di poter iniziare a effettuare ordini tramite il tuo conto reale.

Funzionalità — gli investitori possiedono sempre diversi livelli di conoscenza e competenza. Vuoi assicurarti che la piattaforma di trading che ottieni abbia tutte le funzionalità di cui hai bisogno per avere successo nelle tue transazioni. Ad esempio, i trader alle prime armi necessitano solo di alcune funzionalità di base per iniziare. Ma se sei un trader professionista, avrai bisogno di funzionalità che ti consentano di analizzare le tendenze del mercato, prevedere i prezzi e confrontare le informazioni tra le borse. L'interfaccia utente dovrebbe essere facile da usare e non creare confusione.

Risorse di apprendimento — il trading di opzioni è un processo di apprendimento. Se sei un trader esperto, potresti non aver bisogno di una piattaforma che offra risorse educative. Tuttavia, se sei un principiante, è importante verificare se la piattaforma che scegli ti offre questa opzione. Le risorse possono essere sotto forma di tutorial, articoli o le ultime informazioni di mercato.

Oltre ad utilizzare un broker, puoi decidere di investire direttamente nel mercato delle opzioni. Con una buona piattaforma, è più facile investire in più titoli contemporaneamente senza bisogno di assistenza. La maggior parte degli investitori preferisce le piattaforme di trading alle società di brokeraggio a causa degli sconti offerti da tali piattaforme. Poiché vi è una riduzione dei costi in queste piattaforme, i trader hanno la certezza di alti profitti e basse commissioni.

Anche il trading tramite una piattaforma online è più veloce rispetto all'utilizzo di conti di brokeraggio tradizionali. Ti consentono di completare le tue transazioni più velocemente e anche di ridurre la quantità di scartoffie che viene spesso scambiata tra il trader e il broker. In poche parole, la piattaforma di trading che selezioni dipende molto da come desideri fare trading. Alcune piattaforme possono essere orientate verso un trading più deciso, mentre altre sono orientate verso il trading a lungo termine. Qualunque sia la piattaforma che scegli, la cosa più importante è inserire sempre il tuo limite di previsione. Devi sempre essere in grado di prevedere i movimenti del prezzo delle opzioni stabilendo se aumenteranno o diminuiranno. Questo ti aiuterà ad applicare la strategia giusta al momento giusto. Devi anche essere in grado di prevedere quanto cambiano i prezzi, in quanto ciò ti assicurerà di impostare i prezzi di esercizio corretti. Infine, dovresti stabilire il periodo di tempo necessario affinché questi movimenti abbiano luogo. Puoi farlo studiando i modelli di prezzo storici, comprese le date di scadenza.

CAPITOLO 5

Capitolo 5: Riparazione di opzioni e metodologie di trading

Il trading di opzioni offre enormi opportunità di investimento con un grande potenziale di reddito. Il segreto per ottenere il meglio in termini di benefici monetari sta nell'utilizzare la giusta strategia.

Esistono diverse strategie di trading e di riparazione della posizione che puoi utilizzare nel mercato delle opzioni. I trader li scelgono in base al tipo di scambio e alla direzione prevista dei prezzi. Le strategie di opzioni ti consentono di migliorare continuamente le tue operazioni. Sono spesso definite nella fase di pianificazione dello scambio, poiché determinano il movimento dei tuoi contratti. Ti aiutano anche a stabilire se un'opzione si sposterà verticalmente, orizzontalmente o diagonalmente.

Quando si tratta del mercato delle opzioni, nessuna singola strategia si adatta a tutte le posizioni di trading. Può essere importante per te personalizzare una strategia unica in base ai tuoi obiettivi di trading, poiché sei l'unica persona che capisce cosa aspettarsi da ciascuna delle operazioni. Per identificare la strategia giusta, devi prima comprendere le basi del trading di opzioni. Fondamentalmente, la maggior parte delle strategie utilizza solo una combinazione delle quattro operazioni principali: long e short call e long e short put. Comprendere queste operazioni importanti ti aiuterà a personalizzare una strategia più efficace per le tue esigenze di trading.

Nel caso in cui non si abbia una conoscenza sufficiente delle proprie operazioni, si consiglia di selezionare una strategia neutra o non direzionale. In questo caso, la possibilità di realizzare un profitto dipenderà in gran parte da altri fattori come la volatilità del titolo. I trader che spesso entrano nel mercato delle opzioni senza la comprensione delle strategie trovano difficoltà nei loro investimenti.

Le strategie di trading di opzioni possono essere suddivise in due categorie: strategie di trading e strategie di riparazione. Le strategie di trading sono quelle di base utilizzate per gestire i contratti come un modo per massimizzare i profitti. Le strategie di riparazione sono quelle che vengono applicate a un'operazione in perdita per contrastarla.

Strategie di trading di opzioni di base

La covered call

Quando si tratta di acquistare e vendere call, potresti decidere di acquistare una naked call o strutturarla in una covered call o buy-write call. La covered call è una delle strategie più popolari utilizzate nelle opzioni perché riduce al minimo il rischio e ti aiuta anche a generare più reddito. Per eseguire questa strategia, un investitore detiene una posizione lunga su un determinato titolo e vende opzioni call dallo stesso titolo.

Poiché la covered call è una strategia di trading neutra, non genera grandi profitti. I partecipanti al mercato delle opzioni fanno buon uso di questa tecnica ogni volta che possiedono una visione neutrale del mercato o di un'opzione particolare.

Le covered call presentano posizioni sia lunghe che corte in una singola operazione. Viene utilizzata quando un investitore desidera mantenere il titolo per un lungo periodo di tempo, ma non prevede una variazione dei costi nei tempi futuri. Pertanto, una covered call copre le posizioni in azioni a lungo termine e ti consente di guadagnare dal premio ottenuto dalla vendita dell'opzione call. Nella maggior parte dei casi, l'importo massimo di profitto che puoi ricevere da una covered call è normalmente equivalente alla differenza tra il costo di esercizio associato alla posizione corta e il costo del capitale e del premio. Gli importi più elevati di perdite equivalgono alla differenza tra i costi del titolo sottostante e il premio.

Per utilizzare questa strategia, dovrai acquistare il titolo, poi effettuare una vendita "coperta" di opzioni sullo stesso titolo.

La bull call

Ti consente di acquistare più di una call allo stesso prezzo e di venderle a prezzi di esercizio più elevati. In questa strategia, il valore del titolo, così come la sua data di scadenza, sono gli stessi.

La strategia bull call spread viene spesso utilizzata per realizzare un profitto da piccoli incrementi dei prezzi delle azioni. Presenta due prezzi di esercizio che vengono utilizzati per limitare le perdite e i guadagni massimi. Gli investitori aumentano le opzioni call per trarre profitto dall'aumento dei prezzi delle azioni. Ogni volta che il contratto si chiude prima della sua scadenza, l'investitore è costretto ad acquistare azioni associate al prezzo di esercizio predefinito nel trading di azioni, ma questo non si applica nel trading di opzioni. La strategia bull (rialzista) ti consente di pagare in anticipo il premio per un'opzione call. Se in ogni caso il costo del titolo sembra più vicino al costo d'esercizio, allora il premio potrebbe essere più alto. Nel caso in cui il costo del titolo scenda al di sotto del prezzo di esercizio, il trader che detiene il titolo perderà un importo significativo alla scadenza dell'opzione. Altrimenti, nel caso in cui il costo del titolo aumenti rispetto al costo di esercizio, un acquirente può decidere di acquistare le azioni, tuttavia questa non è una garanzia.

La strategia bull call spread cerca di ridurre il costo delle opzioni call. Un suo svantaggio è che non solo limita i rischi, ma anche la quantità di guadagno che puoi ottenere dallo scambio. Pertanto, è consigliabile utilizzare questa strategia solo quando si è certi che la quantità di denaro impostata come prezzo di esercizio stia aumentando in modo significativo, specialmente quando si scambiano azioni altamente volatili.

L'applicazione di questa strategia comporta fondamentalmente i seguenti tre passaggi:

- Selezionare un asset il cui valore potrebbe aumentare nei prossimi giorni, settimane o mesi.
- Acquisire contratti call a un costo superiore al costo corrente del titolo sottostante. Specificare una data di scadenza ed effettuare i pagamenti del capitale iniziale.
- Allo stesso tempo, scrivere un altro contratto call con un costo di esercizio leggermente superiore a quello utilizzato nella prima opzione. Assicurarsi che la data di scadenza della seconda opzione corrisponda alla prima.

La seconda opzione genererà un premio se il prezzo si muove nella direzione prevista. È quindi possibile utilizzare il premio per compensare l'importo utilizzato come premio per la prima call.

La long straddle

Questa strategia si applica quando viene aperta una posizione lunga su una call e una posizione lunga su una put. Le due opzioni derivano sempre dalle stesse attività sottostanti. Condividono anche la data di scadenza e il prezzo di esercizio. È possibile utilizzare questa strategia quando si è certi che l'importo addebitato sul titolo potrebbe aumentare o diminuire oltre determinati intervalli considerati normali. La long straddle ti assicura di ottenere profitti illimitati dallo scambio mantenendo le perdite al minimo.

Una modifica di questo tipo di strategia si ha quando si acquisisce un contratto put out of the money e un contratto call out of the money contemporaneamente, con scadenza e prezzo di esercizio simili. I trader utilizzano questo metodo ogni volta che si aspettano grandi cambiamenti nel titolo sottostante, ma sono insicuri sulla direzione di questo movimento. La maggior parte degli investitori utilizza questa strategia perché limita maggiormente le perdite e le opzioni costano sempre meno, poiché sono out of the money.

La married put

In questa strategia, acquisti un asset o un titolo e anche opzioni che rappresentano le azioni che hai acquistato. Questa strategia è spesso impiegata da persone che desiderano ridurre al minimo le perdite.

La married put funziona come una polizza assicurativa sulle azioni. Specifica il prezzo più basso che una determinata opzione può raggiungere nel caso in cui i prezzi si riducano in modo significativo. Un buon esempio di ciò è quando acquisti 100 azioni da una determinata società, poi apri una posizione put sulle stesse azioni. Ciò ti consente di aumentare il potenziale rialzo su ogni operazione riducendo gli effetti negativi al ribasso. Uno svantaggio di questa strategia è che se il valore dell'azione non scende, perderai un investimento equivalente al premio pagato per la posizione.

La bear put spread

Anche questa è un tipo di strategia verticale che ti consente di acquistare più di un'opzione put contemporaneamente. L'intenzione di utilizzare questa strategia è quella di acquistare le opzioni a un prezzo di esercizio specifico, quindi esercitarle a un prezzo relativamente inferiore. Le opzioni utilizzate in questa strategia devono provenire dallo stesso titolo sottostante. Dovrebbero anche portare la stessa data di scadenza. La strategia bear put (ribassista) è l'esatto opposto dello spread call rialzista. Viene spesso applicata quando si prevede che il valore del titolo sottostante diminuirà. Limita anche i guadagni e le perdite di ogni contratto di opzione.

La strategia protective collar

Viene applicata acquistando un contratto put che è out of the money e vendendo un'opzione call anch'essa out of the money. Queste due opzioni vengono negoziate utilizzando la stessa data di scadenza e lo stesso titolo sottostante. Gli investitori la impiegano quando hanno ottenuto guadagni consistenti da una posizione azionaria lunga.

La protective collar riduce il rischio di ribasso derivante dalla negoziazione di una particolare opzione, consentendo al contempo di vendere le azioni a costi più elevati.

La long call butterfly spread

La maggior parte delle strategie che abbiamo discusso combinano solo due posizioni contrattuali e presentano due prezzi di esercizio. La strategia long call butterfly è unica nel senso che presenta tre diversi prezzi di esercizio. Combina le strategie bull e bear e le opzioni utilizzate hanno le stesse date di scadenza. Anche queste derivano dallo stesso titolo sottostante.

Per realizzare questa strategia il trader acquista due opzioni call, una in the money e l'altra out of the money e vende due opzioni call at the money. Ciò si traduce in un buon profitto netto. La strategia long call butterfly spread è utilizzata principalmente dagli investitori che prevedono una variazione minima del prezzo delle azioni prima della scadenza.

La strategia iron condor

Anche questa è un'altra strategia che combina le strategie bear call e bull put. Si applica con la vendita di un contratto put out of the money e l'acquisto di una singola opzione put, anch'essa out of the money con costi di esercizio relativamente bassi. Comporta inoltre la vendita di una short call e l'acquisto di una long call con costi di esercizio piuttosto elevati. Questi quattro spread condividono un titolo sottostante simile; hanno una data di esercizio simile con la stessa dimensione dello spread.

L'iron condor fa affidamento sulla probabilità che, alla scadenza, il sottostante si trovi in un punto centrale della strategia (dove è concentrato il massimo profitto). È comunemente usato in azioni che hanno una bassa volatilità. I trader adorano questa strategia perché crea un'elevata possibilità di guadagno. Tuttavia, quando il sottostante si trova in una delle due zone negative della "coda", la perdita è considerevole.

Questa strategia può essere combinata con il butterfly spread per formare una strategia iron butterfly in cui si vende un'opzione put at the money, si ottiene un contratto put out of the money, si scrive un contratto call che ha caratteristiche at the money e poi si acquista anche una call out of the money. Questa strategia è diversa dalla normale butterfly spread perché utilizza sia opzioni put che call. Ogni opzione esegue un'attività specifica nel contratto. Ad esempio, l'opzione call out of the money protegge il contratto da un ribasso illimitato mentre l'opzione put, che ha attributi out of the money, protegge il contratto dal costo di esercizio breve. I profitti realizzati da questo tipo di strategia dipendono dai prezzi di esercizio fissati dall'investitore per ciascuna opzione.

Strategie di riparazione del trading di opzioni

Fondamentalmente, quando i trader devono affrontare una perdita sostanziale in un contratto hanno solo poche decisioni a disposizione, che spesso non deviano completamente la perdita. Il trader può decidere di vendere l'opzione in perdita, mantenere la posizione con la speranza che i prezzi migliorino in futuro, o aggiungere più premio allo scambio esistente per aumentare le possibilità di realizzare un profitto.

Mantenere la posizione e sperare che le cose migliorino può essere rischioso, poiché potrebbe volerci del tempo prima che i prezzi cambino e le cose potrebbero persino peggiorare. Raddoppiare il tuo investimento è ugualmente rischioso, poiché potresti finire con più perdite. Fortunatamente, esiste una strategia che puoi utilizzare per riparare le tue posizioni senza aumentare il rischio di ulteriori perdite. Questa è nota come strategia di riparazione.

Questa strategia è spesso costruita da posizioni in perdita già esistenti. Implica l'acquisto di alcune opzioni e la vendita di altre nel tentativo di aumentare gli importi dei premi che possono ridurre al minimo o compensare la perdita. La strategia utilizzata si adatta simultaneamente alle call short e long.

Le posizioni lunghe sono spesso associate a minori quantità di rischio e ad alto potenziale di profitto. Tuttavia, le perdite subite da tali posizioni sono sempre troppo grandi e talvolta troppo difficili da recuperare. La maggior parte dei trader inesperti consente alle posizioni lunghe di scadere da sole e, nella maggior parte dei casi, non ottiene alcun profitto. Consentire alle opzioni di scadere è piuttosto rischioso e potrebbe causare la distruzione del conto. È qui che entra in gioco la strategia di riparazione.

Essere un trader di opzioni di successo non significa solo realizzare un profitto, ma anche essere in grado di riparare posizioni che sono andate male. Per fare questo, hai bisogno delle giuste tecniche e strategie che possono aiutarti a tornare sulla strada giusta. Ogni trader deve includere una strategia di riparazione nel proprio piano di trading. Ciò include delineare un elenco di "e se" e personalizzare le strategie che possono aiutare a contenere gli elementi elencati. La maggior parte dei trader lo ignora all'inizio del proprio investimento e talvolta incorpora le strategie quando è già troppo tardi per recuperare eventuali premi. In poche parole, è importante capire che il tipo di profitto che ottieni dal trading di opzioni dipende in parte da quanto bene gestisci le tue operazioni in perdita.

Vediamo un esempio: la long call

La maggior parte dei trader assume una posizione call e put solo per rendersi conto in seguito che si trattava di una mossa sbagliata. Ad esempio, puoi inserire una long call out of the money e quindi i prezzi iniziano a diminuire. Se non intraprendi alcuna azione per contrastare il calo dei prezzi, subirai alcune perdite sul tuo investimento. L'azione di base a cui penserai è fare la media della perdita acquistando più opzioni, ma se i prezzi continuano a scendere, continuerai a perdere.

Una strategia che puoi usare per portare il punto di pareggio (break even point) più in basso, in questo caso, è l'uso di un bull call spread, di cui abbiamo discusso sopra. Puoi iniziare effettuando un ordine per vendere due call a un prezzo specifico e, allo stesso tempo, acquistare una call a un prezzo più alto. Il risultato di queste opzioni sarà il premio ottenuto dalla vendita delle opzioni call meno il premio pagato per l'acquisto della terza call. Se la cifra risultante è positiva, questo è l'importo che verrà utilizzato per compensare la perdita. Questo può essere fatto ripetutamente fino alla scadenza dell'opzione. Un'altra strategia che puoi applicare qui è la butterfly spread. In questo caso, venderai due opzioni call a un prezzo inferiore rispetto a un'altra call a un prezzo relativamente più alto, che è comunque inferiore al premio delle call vendute combinate. Il profitto massimo che puoi ottenere da questo è uguale al premio che ricevi dalle due short call meno quello che paghi per la long call.

Tieni presente che puoi combinare più di una strategia per migliorare l'efficacia del recupero del tuo investimento. Se usate correttamente, queste strategie possono aiutarti a convertire le perdite incombenti in buoni profitti. Ad esempio, puoi combinare una bull call spread e una butterfly spread su un singolo contratto di opzioni per aumentare il guadagno complessivo.

In generale, la strategia di riparazione cerca di convertire le posizioni perdenti in posizioni vincenti. Tuttavia, devi stare attento, poiché alcune strategie che applichi sulle posizioni in perdita possono incorrere in maggiori rischi e se il movimento del prezzo non ti favorisce, potresti invece finire per aumentare le tue perdite.

Oltre alle posizioni long call che vanno male, anche alcune short call possono calare e farti perdere parte del tuo investimento. Pertanto, è necessario applicare strategie di recupero anche su queste. È importante capire quale strategia applicare in ogni circostanza e definire il livello di rischio coinvolto in ciascuna.

Devi anche capire quando devi lasciare andare determinate operazioni poiché alcune sono piuttosto complesse e non possono garantirti alcun cambiamento anche se tenti di recuperarle. È bene chiudere tali posizioni per risparmiare una certa quantità di denaro, o per evitare di perdere tutto su tali contratti.

In alternativa, puoi anche considerare l'apertura di posizioni short sintetiche. Una posizione short sintetica combina una short call e una long put. Nella maggior parte dei casi, il guadagno ottenuto da questa combinazione può essere abbastanza grande da annullare parte delle tue perdite.

Potresti voler adoperare metodologie di riparazione che ti aiutino a recuperare un'opzione covered call che è andata male. In questo caso, potresti cercare spread diagonali, verticali o orizzontali che possono risolvere la situazione. Per quanto riguarda gli spread verticali, potresti considerare di ordinare una call con un importo superiore o inferiore al costo di esercizio attuale a seconda della direzione del calo. Con gli spread orizzontali, puoi iniziare una posizione che ha lo stesso prezzo di esercizio ma periodi di scadenza diversi per vedere se puoi trarne profitto. Infine, puoi inserire posizioni favorevoli che presentano una scadenza e un prezzo di esercizio diversi dalla posizione esistente come modo per generare profitto. Puoi anche impostare più posizioni di questo tipo per massimizzare i rendimenti. I profitti ottenuti possono quindi essere utilizzati per contrastare gli effetti della perdita della posizione covered call.

Suggerimenti per il trading di opzioni: trucchi e rischi nel trading di opzioni

Il trading di opzioni è un'area di investimento nel mercato azionario. Non è un processo di investimento ad alto rischio in cui sono coinvolti costi elevati. A seconda di alcuni cambiamenti negli elementi di mercato basati sul titolo specifico, il valore stimato di un'opzione può aumentare o diminuire fino alla data di scadenza.

L'aspetto positivo dell'investimento in opzioni è che è totalmente diverso dall'acquisto diretto di asset e azioni. Quindi, si può recedere dalla transazione o dall'accordo in qualsiasi momento. Il semplice acquisto o la vendita dell'opzione non sempre significa che l'investitore deve procedere con il suo l'acquisto o vendita. A causa di tale configurazione, si determina che le opzioni sono strumenti derivati i cui costi dipendono da altri fattori come il capitale azionario coinvolto, il costo stimato del mercato e altri titoli.

L'acquisto di un'opzione comporta l'acquisto da parte di un investitore di una quota in un periodo futuro. Un'opzione put consente al trader di vendere o scrivere azioni di un titolo in un momento successivo o futuro.

Opzione call

Esiste un accordo vincolante che consente all'investitore di acquistare un certo numero di azioni appartenenti a un titolo per un periodo determinato. Ciò significa che il trader può essere in grado di acquistare una certa quantità di azioni in un momento futuro.

In caso di acquisto di una posizione call, l'importo di esercizio del titolo, ad esempio, viene calcolato sulla base del costo attuale stimato di tale titolo. Ad esempio, quando una quota del titolo è fissata a $ 1000, se il costo di esercizio è superiore a questo importo, il contratto diventa out of the money. Se questo stesso costo è inferiore all'importo del titolo, il contratto è in the money.

Il trader acquista delle azioni e spera che i prezzi salgano a breve, in modo che possa acquistare le azioni e venderle immediatamente, ottenendo così un profitto.

Opzione put

D'altra parte, con l'opzione put l'investitore riceve l'autorità di emettere un dato numero di azioni per un certo costo e un determinato periodo di tempo. Si limita a concedere al trader il diritto di trasferire azioni a un acquirente prima o durante il periodo di scadenza del contratto.

Proprio come con il contratto call, il costo del denaro ricevuto dopo la vendita di azioni è noto come strike e il premio è l'importo che l'acquirente dà al venditore quando sigla il contratto.

Pro del trading di opzioni

Non richiede molto impegno finanziario iniziale

Il costo che un investitore o un trader sostiene per acquistare un'opzione è sempre inferiore all'importo che pagheresti trattando direttamente il titolo. Un trader di opzioni paga meno per negoziare, altre forme di scambio costerebbero di più. Tuttavia i vantaggi sono simili a quelli del trading diretto di azioni.

La perdita è ampiamente regolata

Quando un trader acquisisce un contratto put o call, non è obbligatorio per lui continuare fino alla fine del contratto. Nel caso in cui lo scambio prenda una direzione incerta, il trader è sempre libero di rescindere il contratto per evitare di incorrere in perdite significative.

Le opzioni sono flessibili

Gli investitori hanno sempre diversi vantaggi e mosse strategiche da mettere in atto prima della scadenza di un contratto di opzione. Questi includono:

- Lasciar andare l'opzione piuttosto che acquistare le azioni di partecipazione in aggiunta a ciò che già possiedono.
- Lasciare andare il contratto, acquistare le azioni e poi venderne alcune o tutte.

- Scrivere contratti, che sono in the money per alcuni investitori sul mercato delle opzioni.
- Generare alcuni rendimenti da qualsiasi denaro speso per contratti con caratteristiche out of the money, attraverso la conclusione di contratti con altri investitori molto prima della scadenza.

Fissare i prezzi delle azioni

Offre agli investitori il diritto di determinare la direzione che i costi azionari devono prendere entro determinati tempi, purché sappiano che sarà loro vantaggioso. A seconda del tipo di opzione che hanno scelto di utilizzare, c'è sempre la garanzia che i trader saranno in grado di impegnarsi nell'acquisto e nella vendita di titoli a un prezzo prefissato entro la scadenza del contratto.

Contro del trading di opzioni

Elevati livelli di perdita

L'acquirente dell'opzione ha un vantaggio nello scambio, ma non il venditore. I venditori di opzioni hanno alte probabilità di incorrere in perdite superiori all'importo del contratto. Questo perché gli investitori che scrivono call devono finire per acquistare o vendere le azioni alla scadenza del contratto anche se il mercato si è rivelato loro sfavorevole. Ciò significa che in caso di prezzi che vanno contro le loro aspettative, non hanno altra possibilità, se non subire le perdite.

Accordo di negoziazione a breve termine

La maggior parte degli investitori si concentra sulla capitalizzazione dei principali movimenti di prezzo che devono avvenire entro brevi periodi, nel caso in cui vogliano realizzare un profitto. Ciò significa che hanno un tempo molto limitato per formulare due presupposti di base: selezionare il momento giusto per acquistare un contratto e quindi determinare quando chiuderlo, o semplicemente chiudere le posizioni e allontanarsene subito prima che venga raggiunta la data di scadenza. Qualsiasi opzione scelta dall'investitore determinerà una perdita o un profitto dall'operazione.

Requisiti complessivi

Prima di intraprendere questa attività, un trader deve essere in grado di soddisfare un elenco di requisiti. Per prima cosa deve ottenere l'approvazione per fare trading da un broker fornendo informazioni sulla sua situazione finanziaria. Queste informazioni possono includere la precedente esperienza nel settore e se comprende alcuni dei rischi coinvolti in esso. Sulla base di queste informazioni, il broker decide se concedere al trader un conto e a quale livello deve essere autorizzato a effettuare transazioni. C'è anche un importo che il trader deve essere in grado di raccogliere per iniziare a fare trading. Questo è un requisito globale che non può essere modificato, sebbene l'importo iniziale differisca a seconda della piattaforma utilizzata e della regione di scambio.

Costi di transazione aggiuntivi

Alcune delle strategie di trading richiedono che l'investitore disponga di un conto a margine che possa fungere da garanzia per prestiti e altre esigenze di denaro. Anche gli importi delle garanzie differiscono da un broker all'altro e talvolta sono coinvolti alcuni costi nascosti di cui il trader non è a conoscenza. I tassi di interesse per alcuni conti a margine possono essere significativamente alti, il che significa che il trader non può realizzare una buona quantità di profitti per ogni operazione.

È sempre consigliabile entrare nel trading di opzioni con una piena comprensione di come funzionano i sistemi, i processi e ciò a cui potresti andare incontro. Sono disponibili diverse strategie ben note che abbassano il livello di rischio e possono massimizzare i rendimenti. Con un po' di sforzo, un trader principiante può imparare a sfruttare le offerte flessibili. Di seguito è riportata un'analisi dettagliata delle strategie con cui si può iniziare e con cui ci guadagnano tutti.

Suggerimenti strategici per il trading di opzioni

Una strategia per affrontare questo problema è acquistare un'opzione naked call. Questa strategia è piuttosto popolare in quanto produce reddito e riduce al minimo il problema di entrare in azioni lunghe senza un piano chiaro. Il problema principale, in questo caso, è che i trader dovrebbero sempre riuscire a vendere azioni a costi favorevoli. Questo costo è quello che viene chiamato lo short strike.

Un investitore acquista azioni o titoli sottostanti utilizzando il normale processo rispetto alla vendita delle stesse azioni, avviando un contratto call su di esse. La call copre il tuo titolo, nel caso in cui il prezzo aumenti, la short call lo neutralizza usando una posizione lunga. I trader lo usano quando hanno una buona sensazione riguardo la direzione che potrebbero prendere i costi di mercato.

Esempio:

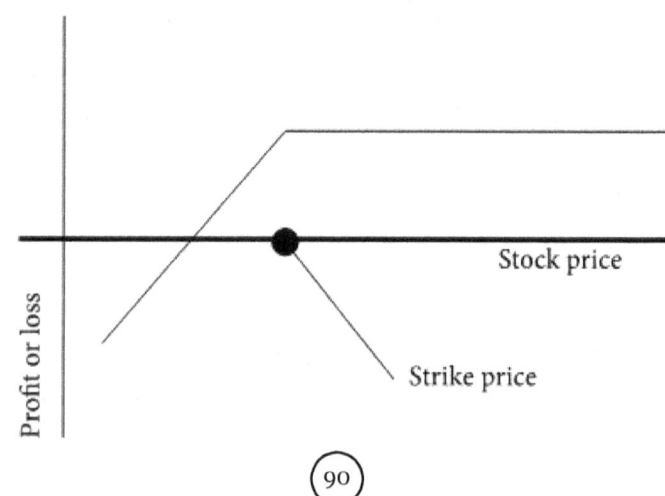

Nel diagramma sopra, il costo del titolo sottostante aumenta ma la perdita derivante da questa call è leggermente coperta dalla posizione lunga creata. Poiché il costo del titolo supera l'importo dello strike, il trader recupera l'importo del premio emesso durante la vendita della call, consentendogli di vendere il titolo a un livello superiore.

Quando si tratta della strategia bull call spread, il trader acquista contemporaneamente call con un importo strike specifico, quindi effettua una vendita con un numero simile di call, ma a un importo notevole, che è superiore a quello precedente. Viene utilizzato principalmente quando un investitore è più esposto all'attività e sa, o si aspetta, che ci sarà un aumento del prezzo dell'asset. Quindi limita il rialzo sullo scambio, ma finisce per usare un premio inferiore di quello che viene utilizzato nelle naked call.

Affinché questo funzioni, gli investitori devono sempre assicurarsi che il prezzo del titolo continui a salire in modo da poter realizzare un profitto dalle due call.

Un altro suggerimento sta nell'utilizzare la strategia protective collar, che viene creata acquistando un contratto out of the money e poi vendendo lo stesso tipo di contratto basato su un titolo simile. Questo è comune negli investitori che prendono una posizione lunga che ha subito grandi guadagni. Questa combinazione delle due opzioni consente agli investitori di avere una protezione dal ribasso, poiché godono anche della possibilità di vendere alcune azioni a costi favorevoli.

Con la strategia long straddle, il trader acquista contemporaneamente un contratto call e put. Si utilizza lo stesso costo e la stessa data di esercizio. Gli investitori applicano questo tipo di strategia quando vi è la sensazione positiva che il costo del titolo sottostante aumenterà o diminuirà oltre il solito. In questo caso, l'investitore non è del tutto sicuro della direzione che prenderà lo scambio. In questo modo si garantisce all'investitore l'opportunità di trarre il massimo profitto da qualsiasi cambiamento. L'importo massimo che può essere perso in questo caso è equivalente al premio combinato delle due opzioni. L'importo più elevato del profitto si ottiene quando i prezzi dei titoli cambiano ampiamente, ma solo in una direzione.

Per quanto riguarda la naked put, i trader creano un contratto di vendita out of the money in cui viene prelevato un premio dall'acquirente. In questo caso, possono accadere due cose, l'opzione può scadere come priva di valore o può generare un profitto.

Suggerimenti utili per il trading di opzioni

Per negoziare con successo le opzioni, un investitore deve avere una certa conoscenza ed esperienza nel campo. Alcuni trader lo fanno da molto tempo e hanno esperienza per guadagnare molti soldi. Con una pratica costante e molte informazioni, si può diventare un esperto. Come si dice, Roma non è stata costruita in un giorno, quindi sono previste sfide per chiunque sia nuovo nel settore.

Valuta le tue opzioni

Il trading di opzioni è più complesso di quanto si pensi, poiché è molto più che acquistare e vendere azioni. Coinvolge tante cose, come il linguaggio, che si dovrebbe conoscere: call, put, premi, ecc.

Quando si pianifica di investire, è necessario considerare quanto segue:

Obiettivo individuale: cosa pensi di ottenere a lungo termine? Stai investendo per il futuro? O stai lavorando a uno schema a breve termine?

Limiti di rischio: sei in grado di assumerti i rischi che derivano dal trading online? Hai altre fonti di guadagno oltre al trading? Cosa succede se perdi l'intero investimento?

Valore temporale: il valore temporale di un'opzione è il valore che viene attribuito al tempo fino alla scadenza del contratto. In qualità di investitore, saresti interessato a investire più tempo oppure no? Più tempo è investito nelle opzioni, maggiore è il valore.

Vincoli fiscali: il trading, proprio come qualsiasi altra vera attività commerciale, è soggetto a tasse. È qualcosa che hai considerato come investitore?

Esigenze di liquidità: quando si pianifica di investire, ci devono sempre essere dei soldi da mettere da parte. Ad un certo punto avrai bisogno dei tuoi soldi indietro e quindi rescinderai il contratto? Questo il più delle volte finisce per portare a una perdita.

Conoscere le risposte alle domande sopra elencate può aiutare a sapere se sei pronto a investire o meno. È fondamentale sapere che tipo di investitore sei e cosa potrebbe o non potrebbe funzionare per te.

Usare la volatilità a proprio vantaggio

Questo è un aspetto delle opzioni che la maggior parte degli investitori trascura, ma la volatilità ha un grande impatto sul trading di opzioni. In questo caso, c'è la volatilità implicita e la volatilità storica. La forma implicita di volatilità è ciò che crea un'aspettativa sui prezzi di mercato futuri, mentre, d'altra parte, la volatilità storica entra in gioco quando si valuta lo stato attuale di un asset.

Puoi determinare il tuo successo come investitore acquisendo familiarità con il modo in cui i due fattori determinano il costo complessivo di un asset. Ciò implica che devi fare attenzione quando acquisti un'opzione che l'attuale volatilità implicita sia nella fascia alta del suo intervallo già passato, così come quando vendi un'opzione devi assicurarti che la volatilità implicita corrente sia nella parte bassa del suo intervallo passato.

Un modo per determinare se i contratti di opzione abbiano prezzi elevati è valutare la volatilità implicita rispetto alle fasce di prezzo passate. In questo caso, la strategia straddle è quella progettata per capitalizzare su questo, poiché riguarda le aspettative di una maggiore volatilità implicita e un movimento relativamente ampio in entrambe le direzioni.

Lavorare con i dividendi

La maggior parte dei trader principianti si concentra solo sulle proprie aspettative per la direzione in cui si muoverà il titolo sottostante. Per quanto questo sia molto importante, l'impatto dei dividendi sulle opzioni è un'altra delle aree con cui devi familiarizzare, soprattutto quando vendi opzioni.

Prima di entrare in qualsiasi attività di trading di opzioni, scopri se le azioni pagano dividendi. Se pagano, dovrai prenderti del tempo per esaminare se questo è considerato in the money, o vicino ad esso, all'avvicinarsi della scadenza. Se il dividendo offerto è di valore superiore al valore temporale del titolo, allora sai che il titolo potrebbe essere assegnato. Ciò significa che il proprietario dell'opzione può esercitare l'opzione per guadagnare il dividendo, il che ti costringerebbe a vendere il titolo anche prima della scadenza.

In qualità di investitore, puoi gestire questo rischio aspettando prima di vedere se l'azione è stata ceduta, o semplicemente chiudere la posizione e distribuirla a un mese successivo per evitare che il proprietario la ceda.

Gestire il rischio

È sempre utile per un investitore valutare le opzioni e lavorare sulle vie d'uscita alternative nel caso in cui le cose vadano contro le sue aspettative. Quando uno scambio di opzioni è già aperto, ci sono diverse scelte che uno potrebbe dover fare durante il periodo del contratto per salvaguardare il proprio investimento. Ciò può includere la chiusura della transazione, la scadenza delle opzioni o andare avanti.

Modi per gestire il rischio
Usare il tuo piano di trading: crea un piano di trading in modo da poter disporre di linee guida e parametri chiari per l'attività di trading di opzioni. Questo aiuta a gestire bene i propri soldi e il rischio. Segui il tuo piano e usa solo i soldi messi da parte per il trading di opzioni. In questo modo puoi evitare di commettere grandi errori per paura di perdere denaro. Questo viene definito "essere spaventato dai soldi", è un termine utilizzato nel poker con riferimento ai giocatori che si lasciano influenzare dalla paura.

Inoltre, mentre fai trading, attieniti alla comprensione della quantità di rischio evidenziata nel tuo piano. Nel caso in cui desideri effettuare transazioni che comportano meno rischi, non devi iniziare a esporti a un trading ad alto rischio. Questo porta sempre a crolli emotivi per alcuni trader, specialmente in caso di enormi perdite.

Suggerimenti relativi all'uso degli spread delle opzioni

Questi sono strumenti essenziali per qualsiasi trader. Alcune delle potenti strategie di trading discusse in questo libro fanno uso di spread. Aiutano a ridurre al minimo il rischio di perdita nel mercato delle opzioni. Puoi applicarlo alle tue transazioni per ridurre al minimo i costi richiesti per l'inserimento di posizioni e anche per ridurre la quantità di denaro che potresti perdere durante la negoziazione. L'uso degli spread ti consente di entrare in alcune posizioni che possono portarti grandi guadagni, poiché queste posizioni vengono eseguite contemporaneamente. Ecco alcuni suggerimenti che potresti mettere in pratica quando utilizzi gli spread.

Chiudere uno scambio: si tratta di una posizione di compensazione. Ad esempio, se hai acquistato un'opzione call, puoi procedere alla vendita di un'opzione identica per chiudere efficacemente la transazione.

Lasciare che l'opzione scada: questo avviene quando lasci che un contratto raggiunga la sua data di scadenza senza che venga esercitato, ciò è possibile se acquisti o vendi una call o una put.

Rimandare un'opzione: questo comporta la chiusura di un'opzione che sta per scadere e contemporaneamente l'acquisto di un'operazione simile con una data di scadenza successiva. Funziona bene soprattutto quando prevedi che il mercato compia un enorme movimento in una direzione a breve.

Cessione: puoi decidere in merito vendendo un'opzione, il che significa che potresti dover ricevere o consegnare azioni del titolo sottostante.

Gestione del rischio attraverso la diversificazione

Questo è un altro metodo utilizzato dalla maggior parte degli investitori, ottimo per la gestione del rischio. La diversificazione aiuta a creare un portafoglio che ti assicura di generare un reddito dal tuo capitale. L'idea alla base di questo è che puoi facilmente "distribuire" i tuoi investimenti tra diversi settori e società per bilanciare il tuo portafoglio azionario e aumentare anche le possibilità di realizzare profitti. Se uno scambio fallisce, ci sono alte probabilità che un altro vada a buon fine.

È possibile ottenere tale diversificazione combinando più di una strategia e utilizzando contratti che funzionano su diverse azioni. Questo ti offre una possibilità più ampia per realizzare profitti in modi diversi, quindi il successo non dipende interamente da un risultato in particolare di uno scambio.

Utilizzo degli ordini di opzioni

Un altro semplice suggerimento per ridurre al minimo il rischio di trading è attraverso l'uso di ordini di opzioni. Esistono quattro tipi di ordini principali che gli investitori utilizzano sul mercato come di seguito:

Ordini buy to open: si inserisce questo tipo di ordine per acquistare un contratto di opzioni specifico quando si desidera aprire una posizione e andare long. Questo ordine verrà utilizzato quando ritieni che il contratto di opzione aumenterà di valore, di cui probabilmente vorranno esercitare l'opzione.

Ordini buy to close: viene utilizzato per acquistare un contratto di opzione, ma viene utilizzato principalmente per chiudere una posizione precedentemente aperta piuttosto che per aprirne una nuova. Se un investitore ha venduto allo scoperto un'opzione e desidera chiudere la posizione, inserisce un ordine buy to close sul contratto di opzioni.

Ordini sell to open: qui, l'ordine viene utilizzato per aprire posizioni su contratti di opzione vendendoli allo scoperto. Se un investitore ritiene che un determinato contratto di opzioni rischia di cadere, ne approfitta vendendo allo scoperto il contratto di opzione utilizzando un ordine sell to open.

Ordini sell to close: questo è uno degli ordini più utilizzati nel trading di opzioni. Viene impiegato per chiudere le posizioni aperte tramite un ordine buy to open. Se uno aveva acquistato un contratto di opzione specifico e voleva vendere il contratto dopo che ha guadagnato un certo valore, dovrà utilizzare l'ordine sell to close per vendere il contratto e ottenere il profitto.

Utilizzando gli ordini limite di cui sopra, un investitore può facilmente impostare il capitale e le spese a cui gli ordini possono essere elaborati. Questo lo aiuta anche a evitare di acquistare e vendere a prezzi che non sono favorevoli.

Oltre ai quattro precedenti, ci sono altri tipi di ordini che puoi utilizzare per chiudere e aprire posizioni di opzioni per aiutare nella gestione del rischio. Ci sono ordini di mercato che devono essere elaborati al miglior costo disponibile durante il tempo di esecuzione. Ci sono anche ordini che è possibile utilizzare per automatizzare le posizioni in uscita bloccando parte del piccolo profitto già realizzato come un modo per ridurre le perdite su una posizione che ha cambiato direzione in modo significativo.

Questi suggerimenti sono utili per evitare scenari in cui si possono perdere profitti, mantenendo determinate posizioni abbastanza a lungo o incorrendo in alcuni grandi rischi di perdere i pochi soldi già guadagnati. Se si padroneggia bene l'uso degli ordini, è possibile limitare i rischi su ogni operazione effettuata.

GLOSSARIO

NATHAN REAL

Glossario

Le basi del trading di opzioni sono abbastanza semplici da capire. Tuttavia, coinvolge aspetti più avanzati che richiedono tempo e pazienza per essere padroneggiati. Non sorprende che il trading di opzioni abbia centinaia di terminologie e un gergo a sé; ecco perché abbiamo creato un elenco completo dei termini utilizzati. Questo elenco potrà essere uno strumento di riferimento da utilizzare quando impari di più sulle opzioni.

Addebito: la quantità di denaro che dai quando acquisti un'opzione.

Analisi fondamentale: un metodo per analizzare il valore intrinseco di uno strumento finanziario nel mercato azionario e il suo valore di prezzo in futuro.

Analisi tecnica: una tecnica utilizzata per prevedere il prezzo di strumenti finanziari come le azioni attraverso l'analisi dei dati storici sui prezzi del titolo sottostante.

Anticipazione: è l'atto di un operatore di borsa che predice il futuro del mercato della sicurezza prima di acquistare o vendere le proprie azioni.

Assegnazione anticipate: quando un venditore a contratto soddisfa i requisiti del contratto prima del suo periodo di scadenza.

Asset: ogni entità materiale o immateriale suscettibile di valutazione economica per un certo soggetto.

At the money: l'opzione at the money è quella che ha un costo equivalente al valore patrimonio netto.

Azione rialzista: un tipo di azione che si prevede aumenterà di valore in un certo periodo di tempo da un operatore di borsa nel mercato dei titoli.

Azione ribassista: una forma di azione che dovrebbe diminuire di valore in un periodo di tempo specifico da un operatore del mercato azionario.

Azioni opzionali: azioni che fungono da garanzia sottostante per determinate opzioni.

Azioni sottostanti: il tipo di sicurezza da cui deriva il valore di un'opzione.

Bear market: quando i prezzi complessivi di un mercato sono in calo.

Bear spread: uno spread che mira a generare profitto dai movimenti ribassisti dei prezzi.

Bolla di mercato: una situazione in cui i prezzi delle azioni sono aumentati al di sopra del loro valore effettivo dai trader.

Break even point: il punto alla scadenza in cui una strategia di opzioni restituisce zero profitti e zero perdite.

Broker: (definizione 1) una persona o organizzazione che elabora gli ordini di contratti di opzione per conto di trader e investitori.

Broker: (definizione 2) il professionista responsabile dell'acquisto o della vendita di titoli come azioni per i propri clienti.

Brokeraggio: un individuo o un'impresa responsabile dell'organizzazione di transazioni di acquisto e vendita di titoli allo scopo di ottenere una commissione dopo che lo scambio ha avuto successo.

Bull market: indica quando i prezzi complessivi di mercato stanno aumentando.

Bull spread: spread di trading stabilito per generare profitto dai movimenti rialzisti delle azioni e del mercato.

Buy and hold: è una strategia di investimento a lungo termine, che per definizione implica una bassa rotazione dei titoli in portafoglio.

Chiudere: terminare una posizione di trading. Si riferisce anche all'ora del giorno in cui il mercato smette di funzionare e vengono determinati i prezzi finali delle opzioni.

Commissione: denaro che dai a broker o società di brokeraggio per i loro servizi.

Conto a margine: un tipo di conto di brokeraggio che un investitore offre a un altro investitore la possibilità di prestare denaro ai clienti affinché acquistino titoli o altri strumenti finanziari.

Conto in contanti: uno dei conti di brokeraggio in cui un investitore è tenuto a effettuare il pagamento completo dei titoli che ha acquistato.

Contratto di opzioni: il diritto di acquistare o vendere azioni a prezzi di esercizio e tempi di scadenza specificati.

Copertura: il processo di investimento che cerca di ridurre al minimo il rischio di trading di investimenti in tour.

Costo di trasporto: il costo sostenuto quando si utilizza il capitale per acquistare opzioni sulla base degli interessi ricevuti dal capitale preso in prestito.

Covered call: una strategia di trading utilizzata per realizzare profitti da contratti esistenti quando il mercato è neutro.

Covered put: una strategia di trading che lavora insieme alla vendita allo scoperto per realizzare profitti dalle posizioni esistenti. Questa strategia protegge il tuo investimento da aumenti di prezzo a breve termine.

Credito: l'importo di denaro che ottieni nel tuo account per la vendita di un'opzione.

Crisi di volatilità: il calo improvviso di un'opzione ha implicato la volatilità.

Currency option: un'opzione del modulo che ha la valuta come capitale.

Data di scadenza: la data in cui un contratto cessa di esistere o scade.

Day trader: una persona che acquista o vende titoli sul mercato dei titoli entro un solo giorno.

Decadimento temporale: il periodo in cui il valore estrinseco di un'opzione diminuisce man mano che si avvicina alla data di scadenza.

Derivativo: uno strumento, che ottiene il suo valore da altri strumenti finanziari. Ad esempio, opzioni e future.

Differenza tra domanda e offerta: il valore ottenuto calcolando la differenza tra i prezzi ask e bid di un'opzione.

Dimensione del contratto: il numero di quote di azioni coperte da contratti individuali. Nel trading di opzioni, la dimensione predefinita è 100 azioni.

Discount broker: un broker che esegue solo l'elaborazione degli ordini di base per i trader di opzioni.

Dividendi: questi sono i rendimenti che vengono pagati da una società a un individuo che possiede azioni in essa.

Esercizio anticipato: il processo di chiusura dei contratti prima della scadenza.

Esercizio automatico: si riferisce al processo in cui le opzioni che sono in the money vengono esercitate automaticamente, se ancora in the money, durante la scadenza.

Esercizio: acquistare o vendere un contratto di opzioni a un prezzo di esercizio e un periodo di tempo specifici.

Exchange trading funds: fondi investiti per la negoziazione in borsa.

Gamma contrattuale: i prezzi più alti di un singolo contratto meno i prezzi più bassi.

Incarico: questo è il processo di emissione di un venditore di opzioni o di un writer con un avviso di esercizio che gli istruisce a vendere o acquistare 100 azioni di un determinato patrimonio netto a un importo stabilito come valore di esercizio.

In the money: contratto il cui valore azionario è superiore al costo corrente nel caso di una posizione call, è vero il contrario per un contratto put.

Indicatori di mercato: formule e rapporti che possono illustrare i guadagni e le perdite negli indici e nelle azioni.

Indice di sicurezza: un indicatore nel mercato dei titoli che utilizza dati statistici per analizzare i cambiamenti che si verificano in questo mercato.

Inflazione: un momento in cui i prezzi dei titoli possono subire un aumento improvviso o una caduta improvvisa.

Interesse: questa è la quantità di denaro che un investitore in borsa riceve a sua volta dal denaro che investe nelle azioni acquistate.

Investitore: un individuo che alloca volentieri il proprio capitale in borsa per ottenere profitti in cambio dopo un certo periodo di tempo.

Leg: posizioni individuali che formano un contratto che comprende diverse posizioni.

Leva: il processo di utilizzo delle opzioni per ottenere maggiori guadagni dal mercato delle opzioni.

Liquidazione: quando i termini del contratto vengono finalizzati dopo aver esercitato una posizione.

Liquidità: il livello di disponibilità di un determinato strumento finanziario. In altre parole, questa è una misura del livello di facilità con cui un determinato strumento può essere acquistato o venduto senza influenzare i prezzi.

Long call sintetica: una posizione sintetica che ti consente di possedere le call. Comporta l'acquisto di put e delle relative attività sottostanti.

Long put sintetica: una posizione che ti consente di possedere put. Implica l'acquisto di call e quindi la vendita allo scoperto del titolo sottostante relativo alla call.

Mercato azionario: una rete ampia di diversi trader che acquistano e vendono volontariamente azioni che rappresentano la proprietà di determinate attività.

Mercato unilaterale: stato di mercato in cui gli acquirenti sono significativamente più dei venditori o venditori più degli acquirenti.

Mercato volatile: una piattaforma di scambio che ha prezzi o condizioni che continuano a cambiare in modo imprevisto.

Mese di scadenza: il mese in cui avviene la scadenza.

Modello di prezzo di Black Scholes: modello che utilizza fattori come il valore del titolo sottostante, il prezzo di esercizio, il valore temporale e la volatilità per stimare il prezzo e i profitti realizzati dalle opzioni.

Modello di prezzo: una formula che può essere applicata nella determinazione del valore astratto o teorico di un dato contratto di opzioni utilizzando variabili come il titolo sottostante, il prezzo di esercizio e la volatilità.

Morphing: il processo di creazione di posizioni sintetiche o di transizione da una posizione a un'altra utilizzando un unico ordine.

Naked call: vendita senza il possesso del titolo sottostante.

Online broker: un broker che ti permette di processare i tuoi ordini tramite una piattaforma online.

Operatore di borsa: un individuo o una società coinvolta nel commercio di azioni.

Opzione call: il tipo di opzione che dà a un acquirente l'autorità di acquistare 100 azioni per un dato capitale a prezzi e periodi di scadenza predefiniti.

Opzione di sconto: un'opzione che vende a un prezzo inferiore al valore intrinseco.

Opzione elencata: un'opzione elencata nel mercato delle opzioni.

Opzione fisica: il tipo di opzione che ha un capitale sottostante sotto forma di attività fisiche.

Opzione indice: un contratto sul mercato delle opzioni il cui asset sottostante non è un titolo ma un indice.

Opzione put: un'opzione che ti consente di scrivere o vendere azioni sottostanti a uno specifico importo di esercizio e tempi di scadenza.

Opzione regolata in contanti: un'opzione in cui i profitti sono dati al titolare in termini di denaro, non sotto forma di azioni.

Opzione settimanale: un'opzione che scade entro una settimana.

Opzioni da banco: opzioni negoziate allo sportello e non tramite piattaforme di scambio online.

Opzioni su azioni: un accordo risolto dall'investitore del mercato azionario e dal suo broker che concede al broker i diritti esclusivi di acquistare o vendere azioni a un prezzo predeterminato.

Ordine buy to close: un ordine generato quando un trader vuole chiudere una posizione call esistente. Ciò si ottiene acquistando contratti precedentemente venduti ad altri investitori.

Ordine buy to open: questo è un ordine che effettui se desideri inserire una nuova posizione di contratti di acquisto.

Ordine combinato: un ordine che comprende più di un ordine di base.

Ordine contingente: un ordine che consente di impostare parametri personalizzati per l'ingresso o l'uscita da contratti di opzioni.

Ordine di apertura: un ordine utilizzato per creare nuove posizioni di contratti di opzioni.

Ordine di arresto di mercato (stop market): l'ordine che chiude una posizione quando vengono raggiunti determinati prezzi di mercato.

Ordine di chiusura: un ordine che si innalza per terminare un contratto già in essere.

Ordine di mercato: un ordine utilizzato per acquistare o vendere un contratto ai prezzi di mercato correnti.

Ordine limite: un ordine che ti consente di negoziare opzioni ai prezzi di esercizio minimo e massimo specificati.

Ordine sell to close: ordine effettuato alla chiusura di una posizione lunga già esistente.

Ordine sell to open: ordine effettuato all'apertura di una nuova posizione contrattuale.

Ordine spread: un ordine che istruisce un broker a creare uno spread di diverse posizioni che vengono negoziate simultaneamente.

Ordine stop-limit: un ordine che istruisce le posizioni a chiudere quando vengono raggiunti determinati prezzi.

Ordine trailing stop: questo è un ordine il cui prezzo stop è una variazione percentuale rispetto al miglior prezzo mai raggiunto da una data posizione.

Out of the money: un'opzione diventa out of the money quando il costo del capitale del titolo sottostante non è favorevole al trader in base al prezzo di esercizio. Un'opzione call può diventare out of the money se il valore del capitale sottostante è inferiore alle commissioni di esercizio. D'altra parte, un'opzione put diventa out of the money quando il costo del capitale sottostante è superiore alle spese di esercizio.

Piano di trading: questo è un piano che i trader creano per delineare come eseguiranno le transazioni sul mercato delle opzioni. Il piano contiene sempre obiettivi, metodi di trading e strategie da utilizzare.

Portafoglio: un raggruppamento di diverse attività finanziarie come valute, contanti, obbligazioni, azioni e altri equivalenti di liquidità di proprietà di un individuo o di un'organizzazione.

Posizione corta (short position): lo stato raggiunto quando si vendono contratti.

Posizione lunga (long position): una posizione che viene creata quando si acquista una call o un contratto put.

Posizione sintetica: una posizione commerciale che combina opzioni e azioni in un unico contratto per emulare un'altra posizione di opzioni.

Premio: l'importo pagato per acquistare un'opzione nel mercato delle opzioni. I premi sono spesso indicati come prezzo per azione.

Prezzo di domanda: un prezzo iniziale al quale il titolo può essere venduto dall'investitore sul mercato dei titoli.

Prezzo di esercizio: il prezzo di ciascuna azione al quale è venduta o acquistata alla scadenza. Questo è un altro nome per lo strike price.

Prezzo di offerta: è il prezzo più alto di titoli come le azioni nel mercato dei titoli, un intermediario prepara volentieri un'offerta in cambio dei titoli.

Profitto: è il reddito in eccesso che un operatore di borsa ottiene dall'acquisto o dalla vendita di azioni nel mercato azionario.

Punto di stop loss: punti in cui un operatore di borsa dà istruzioni su determinate azioni da vendere o acquistare quando raggiungono un certo prezzo nel mercato azionario.

Rapporto di pagamento dei dividendi: è l'importo relativo delle entrate totali che un'azienda paga ai suoi azionisti.

Rapporto patrimoniale: un rapporto che rappresenta la quantità di attività in un'impresa finanziata dalle azioni.

Realizzare un profitto: quando chiudi un contato di posizione.

Realizzare una perdita: incorrere in una perdita quando chiudi un contratto di posizione.

Rendimento da dividendi: una forma di dividendo che è illustrato sotto forma di una percentuale del prezzo attuale delle azioni.

Requisito di margine: questa è la quantità di denaro che un trader deposita nel proprio conto di brokeraggio per coprire le posizioni di opzioni naked. Questi fungono da garanzia per la società di brokeraggio per l'acquisto o la vendita di opzioni per conto del trader.

Rialzista: uno stato di mercato definito dalla possibilità che il costo aumenti in futuro.

Ribassista: l'aspettativa di mercato che il valore o il prezzo di un'opzione diminuirà nel tempo.

Rischio: è un fattore imprevisto che può portare un operatore di borsa a subire perdite durante la negoziazione nel mercato azionario.

Scadere senza valore: un contratto che scade senza valore è uno che non restituisce alcun profitto alla data di scadenza.

Scaling out: una situazione nel mercato azionario in cui un trader esce dalla propria posizione per acquistare o vendere i propri strumenti finanziari.

Scrivere un'opzione: l'atto di vendere un contratto di opzione.

Share (azione): una forma indivisibile di capitale che viene utilizzata per indicare la proprietà di una persona di una determinata azienda.

Short call sintetica: una posizione che è simile all'acquisto di short call. Comporta la vendita di azioni e la vendita di opzioni put associate alle azioni.

Short put sintetica: una posizione simile alla negoziazione di short put. Implica l'acquisto di azioni e quindi la vendita di opzioni call associate alle azioni.

Short stock sintetica: questa è una posizione in opzioni sintetiche simile a una posizione corta sulle azioni. Implica la sottoscrizione di un contratto call at the money piuttosto che l'acquisto di un'opzione put che è anche at the money per lo stesso titolo sottostante.

Sottovalutazione: una situazione in cui i prezzi delle azioni sono stimati inferiori ai prezzi di mercato effettivi da un operatore di borsa.

Spread: una posizione derivante dalla vendita di più contratti appartenenti allo stesso titolo sottostante.

Spread orizzontale: spread creato da più contratti che presentano lo stesso prezzo di esercizio e date di scadenza diverse.

Spread verticale: una combinazione di posizioni in opzioni stabilite da più contratti che presentano importi di esercizio diversi con date di scadenza simili.

Stock (azioni): è un tipo di titolo che conferisce la proprietà individuale a una determinata società e viene venduto a un particolare prezzo di mercato.

Stop order: un ordine implementato per chiudere le posizioni dal mercato quando vengono raggiunti determinati parametri di prezzo.

Stile di trading: il metodo utilizzato da un trader durante le transazioni sul mercato delle opzioni.

Strike price (prezzo di esercizio): l'importo di denaro dato o ricevuto quando un titolare di contratto decide di chiudere una posizione contrattuale.

Swap: operazione finanziaria in cui due controparti si scambiano flussi monetari in entrata o in uscita, con l'impegno di compiere l'operazione inversa a una data futura predeterminata.

Swing trader: (definizione 1) un operatore di borsa che detiene i propri strumenti finanziari come le azioni per molto tempo prima di scambiarli.

Swing trader: (definizione 2) un individuo che acquista o vende titoli sul mercato per diversi giorni o settimane per catturare i guadagni del mercato.

Tasso di inflazione: la percentuale di variazione dell'aumento o della diminuzione dei prezzi dei titoli nel mercato azionario.

Tasso di interesse: un importo di interesse che viene pagato dopo un certo periodo di tempo a un operatore di borsa per il denaro che ha investito nel mercato azionario.

Tendenza: un movimento o cambiamento continuo nel prezzo delle opzioni o nei modelli di mercato.

Titolare di opzioni: la persona che possiede un contratto di opzioni.

Trader al dettaglio: una persona o un'organizzazione focalizzata sull'investimento del proprio capitale in future, opzioni, obbligazioni e azioni.

Trader di opzioni: una persona che acquista e vende opzioni.

Utile per azione: la parte del profitto realizzato da un'impresa che viene assegnata a ciascuna azione in circolazione nelle azioni ordinarie dell'impresa.

Valore a parità di sottostante: una tecnica utilizzata per definire la correlazione tra il patrimonio netto del costo sottostante e l'importo di esercizio di un'opzione.

Valore estrinseco: quegli aspetti del prezzo di un'opzione che sono determinati da fattori non correlati al costo del capitale o del titolo.

Valore intrinseco: un contratto il cui valore del patrimonio netto è superiore all'importo strike.

Valore temporale: il valore temporale di qualsiasi contratto call o contratto put è la sezione del premio che ha un valore maggiore rispetto al valore intrinseco quotato.

Valore teorico: si riferisce al costo di una posizione in opzione derivato utilizzando modelli di prezzo e formule matematiche.

Valorizzazione eccessiva: un evento in cui un trader del mercato azionario stima che i prezzi delle azioni siano superiori al valore effettivo del mercato.

Vendita allo scoperto: un fenomeno in cui un investitore del mercato azionario prende in prestito titoli che poi vendono in borsa per realizzare un profitto acquistandoli in seguito.

Volatilità implicita: una stima dei futuri livelli di volatilità del titolo sottostante basata sui prezzi correnti, utilizzando modelli di prezzo.

Volatilità storica: misura i livelli di volatilità di un titolo attraverso lo studio dei movimenti dei prezzi passati in un periodo di tempo.

Volatilità: il livello di aumento o diminuzione del costo di una data opzione.

Volume: il numero di transazioni effettuate su una determinata opzione o titolo sottostante.

Writer (scrittore): la persona che crea posizioni contrattuali per la vendita di opzioni.

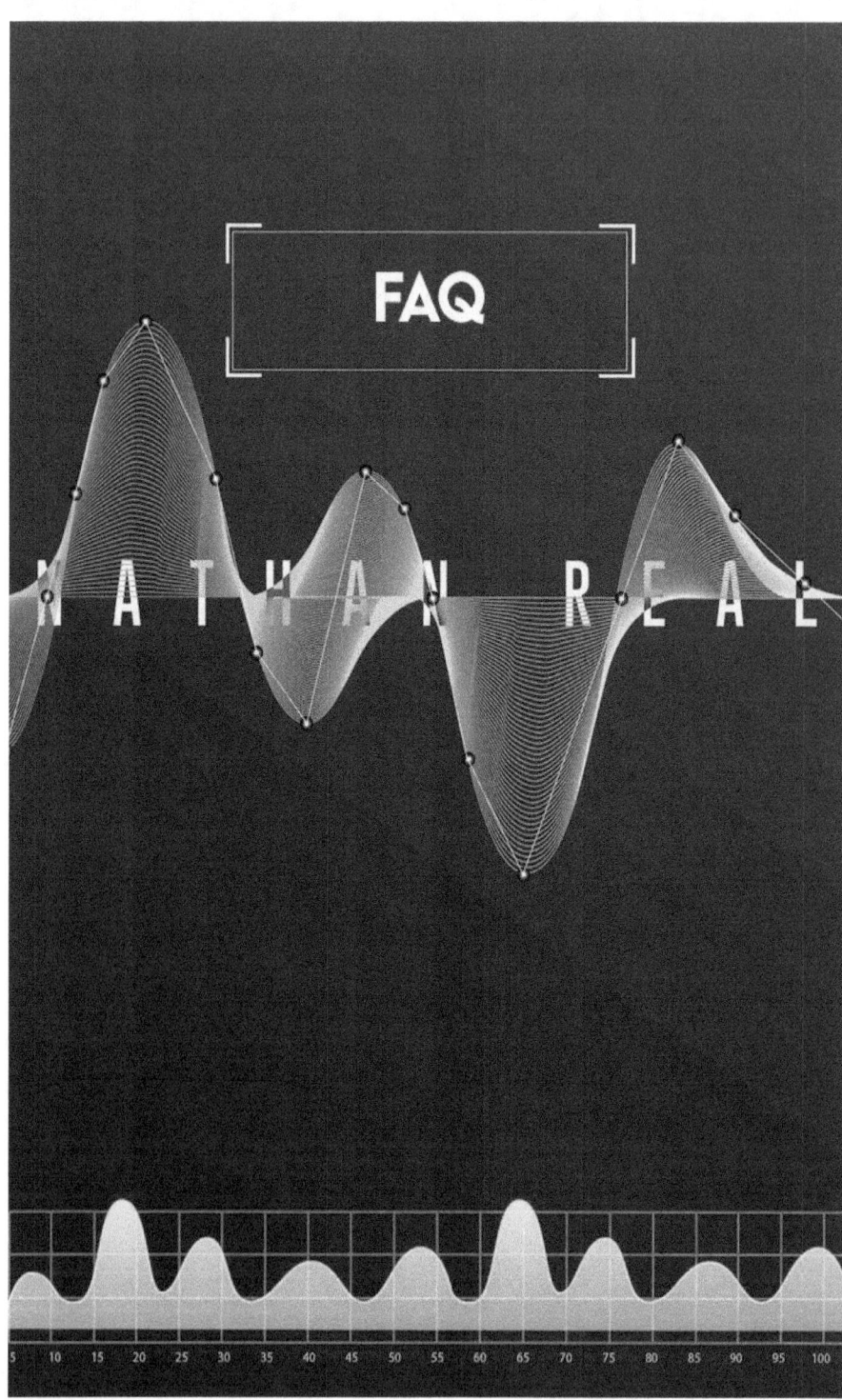

Domande frequenti (FAQ)

Queste sono una serie di domande che vengono comunemente poste sulle opzioni, su come vengono scambiate e su alcune delle strategie del settore. Lo scopo di queste domande è aiutarti a identificare le risposte a tutte le domande che potresti avere sul trading di opzioni. Vediamone alcune.

Come funziona il trading di opzioni?

Fondamentalmente, quando si cerca di capire come funzionano le opzioni, è importante innanzitutto capire il fatto che questi strumenti derivano da altri strumenti finanziari. Pertanto, i loro prezzi sono determinati dal prezzo dell'attività sottostante. Le opzioni sono spesso negoziate online e in scambi indipendenti. Il processo di acquisto e vendita di una particolare opzione è spesso delineato nel contratto di opzioni che conferisce al trader il diritto di acquistare o vendere opzioni. L'acquirente ha sempre il diritto, mentre il venditore ha l'obbligo di un contratto.

Quali sono i tipi di opzioni?

Le opzioni sono generalmente divise in due tipi: c'è l'opzione call e l'opzione put. Le opzioni call consentono al trader di acquistare un contratto mentre le opzioni put consentono al trader di vendere un contratto.

Quali sono le medie mobili delle opzioni?

Queste sono medie utilizzate per determinare le tendenze delle opzioni. Sono molto simili alle medie utilizzate su base giornaliera. Aiutano i trader a stabilire le tendenze nel mercato delle opzioni e nel prezzo dei titoli sottostanti. Le medie mobili sono forme di indicatori tecnici, comunemente utilizzati nell'analisi tecnica degli strumenti finanziari. Esistono due forme principali di medie: medie mobili semplici ed esponenziali. Questi due tipi operano utilizzando procedure simili, tranne per il fatto che le medie esponenziali continuano a costruire sui dati precedenti in modo esponenziale. Queste sono considerate più efficaci quando si stabiliscono tendenze di mercato e di prezzo rispetto alle semplici medie mobili.

C'è qualche differenza tra opzioni e future?

Le opzioni e le future appartengono a una classe di strumenti finanziari noti come derivati. La differenza tra opzioni e future riguarda gli obblighi che vincolano le parti coinvolte nello scambio. In un contratto future, il venditore e l'acquirente devono tutti soddisfare i requisiti di un contratto in una determinata data, mentre nelle opzioni, le parti hanno solo il diritto, non l'obbligo di eseguire i contratti. Inoltre, i contratti future offrono agli acquirenti un importo illimitato di profitti o perdite mentre nel trading di opzioni l'acquirente può solo realizzare profitti illimitati, poiché la perdita è spesso limitata.

Qual è il prezzo di esercizio di un'opzione?

Questo termine comunemente usato è anche chiamato prezzo di acquisto. È l'importo che i trader danno per acquisire la proprietà del titolo sottostante di una determinata opzione. Per le opzioni call, è il prezzo che un trader paga quando acquista un contratto; nel caso di un'opzione put, si riferisce all'importo che il venditore riceve dalla vendita di un'opzione.

Cosa succede se un'opzione scade "out of the money"?

In tal caso, si verificheranno due possibilità: l'acquirente potrebbe perdere il premio e il venditore potrebbe ottenere un profitto se si tratta di un'opzione call, oppure l'acquirente incorrerà in perdite e il venditore avrà un profitto in caso di un'opzione put.

In che modo le persone regolano i contratti?

I contratti vengono regolati sotto forma di contanti. Questo viene fatto quotidianamente prima o durante il periodo di scadenza.

Qual è lo scopo degli adattamenti del contratto di opzioni?

Si tratta di modifiche dei termini stipulati in un contratto di opzione sulla base di alcune modifiche che avvengono nel titolo sottostante. Ad esempio, fattori come scissioni, fusioni e acquisizioni possono innescare adattamenti nei contratti di opzione. Questi adattamenti si verificano ogni volta che si verifica un cambiamento significativo che influisce sul valore del titolo sottostante.

Cosa si intende per covered call?

Le covered call sono quelle opzioni negoziate da un trader che è ancora proprietario dello strumento sottostante per l'opzione.

E per opzioni naked?

Si tratta di opzioni che scambi senza essere il proprietario dello strumento sottostante.

C'è differenza tra il quadrare un'opzione e il suo esercizio?

Si. La quadratura di un'opzione comporta l'apertura di una posizione che è esattamente l'opposto delle posizioni esistenti. L'esercizio di un'opzione, d'altra parte, comporta la chiusura di una posizione esistente come un modo per ottenere un profitto o minimizzarne le perdite. L'esercizio delle opzioni può avvenire in qualsiasi momento, durante la transazione o alla fine di un contratto.

Quali diritti hanno gli acquirenti di azioni che li differenziano dagli acquirenti di opzioni?

I trader di azioni hanno sempre diversi diritti che potrebbero non essere applicabili al trading di opzioni. Quando scambi azioni, diventi proprietario di una percentuale delle azioni della società. Questo ti dà il diritto di acquisire dividendi su intervalli calcolati e ti consente anche di determinare la gestione della società, poiché ottieni alcuni diritti di voto. Ottieni anche il diritto a una parte del capitale quando vuoi fare trading su determinate borse.

Le cose sono diverse nel trading di opzioni; non si riceve alcun diritto in quanto tutti i termini di scambio sono limitati a quanto stipulato nel contratto di opzione.

Come funzionano le opzioni di indice?

Le opzioni di indice sono quei contratti la cui attività sottostante è l'indice. Fondamentalmente, un'opzione di indice ha un gruppo di azioni come titolo sottostante e ciascuna di queste azioni è ponderata in base a determinati attributi o calcoli all'interno dello strumento dell'indice. La maggior parte delle opzioni di indice presentano un ciclo di scadenza di tre mesi.

CONCLUSIONE

NATHAN REAL

Conclusione

Il trading di opzioni offre un modo unico attraverso il quale gli investitori possono fare soldi. Sebbene ci siano alcuni rischi, questi sono essenzialmente minimi.

Un'adeguata ricerca e comprensione su quando entrare o uscire dalle posizioni è solo uno dei tanti fattori che ti fanno avere successo nel settore. Se non sei sicuro di cosa fare sul mercato delle opzioni, è bene che ti rivolgi ai servizi di un broker. Le informazioni contenute in questo libro ti assicurano di capire quanto sia facile acquistare e vendere opzioni. Ora che hai appreso le basi, sei attrezzato e quindi puoi iniziare a fare trading senza alcun timore di perdere il tuo investimento.

Il trading di opzioni è un processo che comprende diversi passaggi. Dall'inserimento degli ordini, all'inserimento di posizioni e infine all'esercizio dei contratti, devi sempre essere sicuro di ciò che deve essere fatto per evitare di commettere gravi errori. La base del trading di opzioni risiede nel capire cosa comporta. Le opzioni sono derivati di altri strumenti di investimento finanziario. Sono comunemente usate dagli investitori che non vogliono mettere direttamente le loro azioni sul mercato. Devi stare attento a ogni processo durante la vendita e l'acquisto di call e put. Facciamo un riepilogo di alcune delle cose apprese da questo meraviglioso libro.

Un'opzione è una sorta di contratto finanziario che consente di negoziare indirettamente su azioni a un prezzo e un periodo di tempo specifici.

Il costo di ogni contratto di opzione è sempre un derivato del costo del titolo sottostante. Un'opzione rappresenta questa risorsa e le persone che scambiano opzioni non scambiano direttamente l'asset sottostante.

Un'opzione call consente di acquistare azioni con un importo specificato come costo di esercizio. Un'opzione put ti dà l'opportunità di vendere azioni a importi specificati come prezzo di esercizio.

Il mercato delle opzioni è composto da quattro tipi di trader:
- L'acquirente di una call
- L'acquirente di una put
- Il venditore di una call
- Il venditore di una put

Il processo di chiusura di una posizione o di un contratto di opzione è noto come esercizio di un'opzione mentre il costo di ciascuna opzione è il suo premio.

Il modo in cui comprendi e applichi le strategie delineate nel capitolo 5 e i suggerimenti nel capitolo 6 determinano il risultato che puoi raggiungere nel trading. Ciò è particolarmente importante se sei alle prime armi. Impegnarsi nel trading di opzioni senza la giusta conoscenza è molto rischioso. Questo libro ti offre i principi applicati nel mercato delle opzioni. Ti aiuta anche a capire i suoi vantaggi e i metodi che devi utilizzare per scegliere la giusta piattaforma di trading.

Ovviamente, determinazione e pazienza sono fattori chiave nel trading di opzioni. Devi essere in grado di elaborare un piano vincente che ti protegga dal fare investimenti dettati dall'emozione.

Infine, devi sempre vedere il trading di opzioni come una qualsiasi altra attività in cui otterrai profitti o perdite ogni giorno che passa. Evita di entrare in posizioni solo perché sembrano promettenti. Quando perdi, accetta la situazione e continua a migliorare le tue strategie per evitare che ciò accada in futuro.

Grazie per aver letto questo libro.

Se ti è piaciuto, visita il sito dove l'hai acquistato e scrivi una breve recensione. Il tuo feedback è importante per me e aiuterà altri lettori a decidere se leggere il libro.

Grazie!

—Nathan Real